O Cântico dos Cânticos

David-Marc d'Hamonville

O Cântico dos Cânticos

Tradução
Benno Brod, SJ

Título original:
Le Cantique des Cantiques
© Les Éditions du Cerf, 2021
24, rue des Tanneries, 75013, Paris, France
ISBN 978-2-204-14555-8

Dados Internacionais de Catalogação na Publicação (CIP)
(Câmara Brasileira do Livro, SP, Brasil)

d'Hamonville, David-Marc
  O cântico dos cânticos / David-Marc d'Hamonville ; tradução Benno Brod. -- São Paulo : Edições Loyola, 2024. -- (Série ABC da Bíblia)

  Título original: Le cantique des cantiques
  Bibliografia.
  ISBN 978-65-5504-322-8

  1. Bíblia. A.T. Cântico dos Cânticos - Comentários 2. Bíblia - Estudo 3. Exegese bíblica I. Título. II. Série.

24-188278   CDD-223.907

Índices para catálogo sistemático:
1. Cântico dos Cânticos : Livros poéticos : Bíblia : Comentários   223.907

Eliane de Freitas Leite - Bibliotecária - CRB 8/8415

Capa: Ronaldo Hideo Inoue
  Detalhe da obra *Der Kuß* (*O Beijo*), óleo sobre tela de Gustav Klimt (1862-1918), coleção da *Österreichische Galerie Belvedere* (*Galeria Belvedere da Áustria*), Viena, Áustria. Google Art Project.
  © Wikimedia Commons.
Diagramação: Sowai Tam
Revisão técnica: Danilo Mondoni, SJ
Revisão: Carolina Rubira

Edições Loyola Jesuítas
Rua 1822 n° 341 – Ipiranga
04216-000 São Paulo, SP
T 55 11 3385 8500/8501, 2063 4275
editorial@loyola.com.br
vendas@loyola.com.br
www.loyola.com.br

Todos os direitos reservados. Nenhuma parte desta obra pode ser reproduzida ou transmitida por qualquer forma e/ou quaisquer meios (eletrônico ou mecânico, incluindo fotocópia e gravação) ou arquivada em qualquer sistema ou banco de dados sem permissão escrita da Editora.

ISBN 978-65-5504-322-8

© EDIÇÕES LOYOLA, São Paulo, Brasil, 2024

Sumário

Introdução 7

Capítulo 1
Antes de abrir o livro 9

Capítulo 2
Uma história de amor ou a história do Amor? 15

Capítulo 3
A poética do canto 27

Capítulo 4
À procura de um Nome 37

Capítulo 5
O mundo do Cântico 53

Capítulo 6
O corpo e seus sentidos 69

Capítulo 7
O desejo à flor da pele 85

Capítulo 8
Do amor ao Amor 97

Capítulo 9
A outra fecundidade 107

Capítulo 10
A recepção do Cântico 117

Capítulo 11
O Cântico, chaves para compreender nossa cultura 131

Conclusão 141

Anexos 143
    Correspondências bíblicas 143
    Cronologia 145
    Mapa: a terra do Cântico 147

Bibliografia 149

Introdução

Um livro não semelhante a nenhum outro

Um livro na Bíblia que fala daquilo que sempre mobilizou homens e mulheres: o desejo, o amor, o prazer!?

Que me beije com beijos de sua boca (Ct 1,2).

As primeiras palavras desse livro singular já surpreendem pela paixão e liberdade: "Amável discurso, exclama São Bernardo, que começa por um beijo!" Palavras tão inesperadas dentro de uma coleção tão séria, tão religiosa! E é por isso que o Cântico dos Cânticos é sempre lido, pesquisado, longamente comentado, tanto pelos rabinos como pelos Padres da Igreja, com predileção dos monges. Enfim, por homens e mulheres de todas as esferas da vida, sejam fiéis ou não. Também se tornou fonte para inúmeros poemas e cantos.

Não é preciso dizer que esse intruso bíblico deixou numerosos leitores estupefatos, sobretudo na época moderna, preocupada com a postura racional e com as pesquisas históricas sérias. Não há nenhum comentador do Cântico que se permita ignorar o debate sobre as interpretações feitas. O que faz este texto na Bíblia? É como se um professor tivesse encontrado na pilha de papéis para corrigir uma carta de amor colocada no meio dos trabalhos de matemática por descuido, por erro ou justamente por amor! Como o texto chegou aí e qual é seu sentido profundo? Trata-se de um erro de classificação? É uma parábola, uma alegoria?

O breve estudo que oferecemos aqui deixará aos peritos o privilégio de arriscar hipóteses sobre porquês e métodos, dedicando-se com mais afinco a levar o leitor a saborear o próprio texto. Pois não devemos esquecer uma dimensão central expressa no próprio título do livro: este livro é um canto que cada um deve aprender a cantar, decifrando suas partes, descobrindo passo a passo sua melodia, seus ritmos, suas entoações... Quem quiser ignorar isso no poema nunca conseguirá penetrar nele, pois lhe faltará o essencial: o efeito, a eficácia, a experiência que a Palavra de Deus promete.

Sim, posso dizer que essa palavra de amor, essa palavra de Deus, é dirigida a mim pessoalmente. Minha carne, meus sentidos são envolvidos hoje como o foram ontem. O Cântico dos Cânticos, livro do Antigo Testamento, de algum modo tornou a Encarnação inevitável: ao fazer com que esse poderoso desejo humano de experimentar a plenitude de uma relação de amor ressoasse para sempre nas profundezas de nosso ser, colocou balizas importantes no caminho do conhecimento daquele sobre quem São João dirá: "Deus é Amor" (1Jo 4,8.16). Permitiu que se reconhecesse o desejo de Deus de entrar em relações de amor com os homens e as mulheres de carne e sangue que somos.

1
Antes de abrir o livro

Nada sabemos sobre o autor do Cântico, e a data de sua redação deu lugar a toda sorte de propostas do século X ao século I a.C., desde a época salomônica à greco-romana. Ainda hoje, não há consenso quanto à data, mas a maioria dos exegetas dá preferência ao período pós-exílico, abrangido pelos séculos V e III, entre a dominação persa e a dos herdeiros de Alexandre Magno.

Um livro atribuído a Salomão

A atribuição do texto a Salomão, cujo nome vemos aparecer diversas vezes no livro, deve ser claramente qualificada de *pseudepigráfica*: na Antiguidade, os autores gostavam de se encobrir com uma referência prestigiosa. Sendo assim, e o rei Salomão era um padrinho bem escolhido, pois o *Primeiro livro dos Reis* declara que ele "pronunciou três mil provérbios e seus cânticos foram em número de mil e cinco" (1Rs 5,12). Essa atribuição tem também feições de uma dedicatória: Salomão é ao mesmo tempo o autor venerado e o destinatário a quem se presta homenagem. O próprio rei Salomão havia se casado com uma das filhas do faraó, um acontecimento que é muito enfatizado nas crônicas (1Rs 3,1; 7,8; 9,16.24; 11,1). Esse acontecimento extraordinário poderia legitimamente ser registrado em uma epístola, como se fosse tecido a partir dos poemas que celebravam a festa.

Também não pode ser excluído um processo de montagem: o redator teria composto o escrito integrando nele elementos mais antigos. Mas os linguistas chamam a atenção à unidade da língua e do estilo do poema. A presença de palavras vindas do persa e do grego, assim como certas formas sintáxicas, postulam uma composição posterior ao exílio.

O título hebraico do livro, Shir ha-Shirim, "Cântico dos cânticos", ou simplesmente "Canto dos cantos" (a palavra hebraica shir nada tem de religioso em si), entende-se como um superlativo, pois trata-se de um modo de expressão usual nessa língua, no sentido de: o mais belo dos cantos, a maravilha das maravilhas. Mas se é o mais belo, quais são os outros aos quais o preferimos? A referência aos "mil e cinco cantos" de Salomão nada esclarece, pois não conhecemos outros. Um exame mais profundo revela que esse texto tão original não tem família reconhecida entre os livros bíblicos. É claro, há outros "cantos" esparsos na Bíblia, como, por exemplo, o canto de Miriam no Êxodo (Ex 15) e o canto do bem-amado à sua vinha (Is 5,1-7) ou o Salmo 44 (45) chamado de "epitalâmio", quer dizer, canto de núpcias, celebrando um casamento real. O *Targum* traz dez, e Orígenes, um dos primeiros Padres da Igreja que comentou longamente o Cântico, traz sete. Seja como for, o Cântico é considerado o mais completo desses cantos, um ápice espiritual. Os outros, porém, são muito mais curtos e bem diferentes. A própria forma do Cântico e também seu conteúdo fazem dele um livro absolutamente único nessa vasta coleção que é a Bíblia.

Um canto nupcial

Fora da Bíblia, fez-se a comparação desse texto com poemas de amor egípcios, siríacos e sumérios. Mas a geografia explícita que o Cântico apresenta é claramente a da Palestina, entre as montanhas do Líbano ao norte e o deserto ao sul, entre a planície de Saron ao longo do Mediterrâneo e o oásis de Engadi não longe do Mar Morto. Tal constatação não impede que a produção literária dos povos vizinhos tenha fornecido uma fonte de inspiração ou que tenha havido uso de certo número de formas convencionais comuns no Oriente Antigo.

Se nos referirmos às festividades e canções que acompanharam o casamento de figuras ilustres como o *Sitz im Leben* desse livro, ou seja, a situação social em que esses poemas nasceram, surge uma série de enigmas e dificuldades. Por que esse texto, que menciona sete vezes a personagem da "mãe", sobretudo a mãe da jovem, nunca fala do pai dos noivos, ainda mais quando uma jovem filha continua sob a tutela do pai até o momento matrimônio? Como nenhuma vez se fala de filhos que viriam, da fecundidade prometida e esperada? O Cântico inteiro parece celebrar o amor dos dois parceiros, independentemente da sociedade que consagra sua união e os integra em seu meio. A coisa é tão patente que os comentadores, lembrando o caráter combinado e pouco amoroso dos casamentos em muitas das sociedades antigas, veem nesses cantos a história de uma aventura fora do casamento, pelas fugas e ausências do bem-amado, encontrando precisamente nessa escapada sua explicação mais natural... O próprio fim do livro protesta contra os modos mercantis em matéria de amor:

> Quisesse alguém dar tudo o que tem para comprar o amor,
> seria tratado com desprezo (Ct 8,7).

Ainda que a situação das núpcias nos forneça o quadro presumido na composição de tais poemas, restaria compreender por que este livro de cantos se encontrou um dia no meio dos livros santos, junto com a Lei o os Profetas, entre os chamados "Escritos", ao lado de Provérbios e de Sirácida (Eclesiástico), outros livros atribuídos a Salomão. A Mishná se refere a um episódio célebre na tradição judaica a esse respeito: pelo ano 90, uma reunião de rabinos em Jamnia (ou Yavne) colocou esta questão: o Cântico dos Cânticos e o Sirácida têm seu lugar entre os livros santos? Há especialistas atualmente que pensam que o debate não punha em dúvida a canonicidade desses livros, mas antes procuram definir melhor o uso a ser feito deles. A noção de "canonicidade", na rigidez jurídica atual, é uma projeção anacrônica. No que concerne ao Cântico, o debate subjacente teria sido o seguinte: se o livro podia ser lido no marco de uma liturgia na sinagoga, seria inadmissível que os cantos fossem usados durante um banquete de núpcias. Pelo próprio fato de que o livro era tratado como Escritura Santa, tal uso profano não era admissível!

Outro dado enfim nos falta, e que não é de menor importância: por se tratar de um canto, qual teria sido sua melodia, a música? Na melhor das hipóteses, o ritmo permanece na própria leitura; mas se esvai ou muda fora da língua original, o hebraico, acessível a um pequeno número de leitores.

Como vemos, do ponto de vista da análise histórica, o Cântico suscita várias questões às quais faltam respostas. O dado musical que nos escapa forneceria a analogia mais reveladora. Quando uma música singular ressoa, as notas são conhecidas, a melodia está presente, os ritmos produzem seu efeito, mas ainda não identificam seu autor, não dizem o que o antigo ouvinte percebia e compreendia em tudo isso, o que o compositor esperava, para quem foi escrita e tocada. Do mesmo modo, as palavras do Cântico exercem ainda hoje sobre nós sua poderosa atração, seu fascínio, mas ao mesmo tempo tudo continua desconhecido e misterioso...

2
Uma história de amor ou a história do Amor?

O Cântico dos Cânticos não é uma narração linear, mas uma série de poemas dos quais o amor é o inspirador comum. Porém, os personagens não variam: há "ela" e "ele", e alguns outros que parecem ser as mesmas pessoas do início ao fim do livro.

Distribuição dos papéis

Cada um a seu turno, uma mulher e um homem tomam a palavra, dirigindo-se um ao outro na maioria das vezes. Não conhecemos os nomes deles. O personagem do rei Salomão aparece no meio do livro (Ct 3,7.9.11). Não se sabe se ele é o amante de que se trata em outro lugar, que parece mais ser um pastor; a seu lado, a bem-amada é chamada de "a Sulamita" (Ct 7,1bis) no fim do livro. Seria um nome tirado da mesma raiz que "Salomão", SLM, ou seja, "o Pacífico", "a Pacificada"?

Em nossa apresentação vamos chamá-los de bem-amada e bem-amado, designações tradicionais, mesmo que o vocabulário hebraico usado quase nunca ofereça designações simétricas aos dois parceiros, propondo múltiplas variações. De modo raro e breve, uma terceira voz intervém: a de um coro, cuja identificação nem sempre é fácil, sendo às vezes as companheiras da bem-amada, outras, os companheiros do bem-amado, que pontuam ou retomam certas cenas. Outro grupo ainda é evocado: o dos guardas da cidade.

O texto original não indica com precisão quem fala, mas os pronomes usados, com as marcas gramaticais próprias do hebraico designando o feminino e o masculino, o singular e o plural, muitas vezes permitem identificar o locutor. Assim, por exemplo, no versículo bem conhecido "Coloca-me como sinete sobre teu coração, como sinete em teu braço" (Ct 8,6), o adjetivo possessivo "teu" está no masculino no hebraico: resulta daí que a frase só pode estar sendo dita pela bem-amada, quando no grego ou no português, esse possessivo "teu" pode ser atribuído indiferentemente a um ou ao outro dos parceiros. Lendo o poema não no hebraico, mas em outras línguas, muitos comentadores colocam esse pedido erradamente na boca do bem-amado.

Para compensar essas incertezas, ao longo da história das traduções e das sucessivas cópias começaram a aparecer algumas menções, indicando, na margem de certos manuscritos, mais precisamente a distribuição das falas entre os diferentes protagonistas. Esse é o caso de dois dos grandes "unciais", manuscritos em maiúsculas particularmente cuidadosos trazendo a integridade da Bíblia em grego, que são o Sinaíticus (século IV) e o Alexandrinus (século V). Neles, os dois personagens aparecem como "o esposo" e "a esposa", *ho nymphios* e *he nymphe*, mais precisamente os "casados" no dia de suas núpcias; os "noivos", sendo que essa palavra designa no refrão a bem-amada no canto III, e somente lá.

Uma composição impressionante

Todos os tradutores e comentadores de ontem e de hoje devem se confrontar com o exercício difícil da atribuição precisa das falas, longe de chegarem a um acordo unânime. Se alguém quiser dar conta do texto em seus mínimos detalhes, esclarecer todo enigma, dissipar todo mistério, o Cântico sempre lhe escapará das mãos, inexoravelmente.

O desacordo quanto à atribuição dos diálogos favoreceu a fragmentação do texto. Tem-se lembrado o processo da recolha na formação dos livros antigos: graças à análise, a composição literária presumida deixava lugar à simples justaposição de elementos relacionados, à semelhança da primeira compilação do livro dos Provérbios (Pr 1-9), que alterna sentenças curtas e advertências com sequências mais longas sem que se possa discernir uma progressão linear do discurso. À força de desmembramentos e dissociação, certos pesquisadores dividiram os poemas em unidades cada vez menores, que depois foram aglutinadas, não se sabe por quê nem como, formando um mosaico altamente abstrato. O perigo de tal abordagem é reduzir o livro do Cântico, tão poderoso, a uma coleção de fragmentos tão diversos como os *haikus* japoneses, sendo tarefa difícil atribuir significação a eles.

Em contrapartida, muitos outros comentadores, a começar pelos leitores antigos, tanto judeus como cristãos, perceberam no poema uma estrutura de conjunto.

Desde o século III, Orígenes, seguido por muitos outros, falava do Cântico como um "drama", no sentido teatral que essa palavra tem no uso da expressão "arte dramática". Ele descrevia o "desenvolvimento" do texto propondo uma verdadeira cenografia, marcando os atores, o cenário específico, uma ambientação, seja de uma cena pastoril ou interior, pública ou íntima. Não é, porém, fácil reconstruir o enredo global e detalhado desse drama. Muitas vezes faltam as articulações e, por isso, o comentador deve utilizar a imaginação como meio de suprir o que falta para explicar os acontecimentos e as bruscas mudanças de ambientes e a transformação de situações: Por que a angústia se sucede à mais perfeita expressão de um amor tranquilo? Por que a fuga do bem-amado e seu súbito retorno?

O texto grego forneceu aos Padres uma pista magnífica para entrar na história que parecia emergir desse mosaico. Bem no fim do livro, em Cântico 8,5, onde o hebraico traz o texto "Quem é essa que sobe *do deserto?*", o grego diz "Quem é essa que sobe *toda branca?*" Ora, desde as primeiras palavras do livro (Ct 1,5), a bem-amada se tinha declarado "morena"! Por contraste tão claro, havia aqui em germe a história de uma purificação, a do amor. Lendo por longo tempo só o texto grego, pacientemente os autores cristãos procuraram compreender este livro à luz desta intuição: o amor deve ser purificado, o amor verdadeiro é uma aventura que transforma e purifica os que a ele se entregam.

Para perceber o movimento de conjunto do livro, tentemos caracterizar melhor esses poemas que oferecem globalmente ao leitor uma real impressão de unidade. Não se pode negar, e a análise dos temas o mostrará amplamente, que numerosos fios condutores atravessam todo o livro: imagens da natureza, perfumes, paisagens, figuras principescas, pastoris, guerreiras, retratos físicos dos amantes e outras. Do ponto de vista puramente formal, o número de duplas, de repetições e refrãos, contribui fortemente para essa impressão de unidade global. Lembrando que etimologicamente "texto" significa uma textura, possuindo fios de encadeamento que correm ao longo da peça, e fios de entrelaçamento para formar o motivo, diremos que o Cântico é um tecido fechado, uma tela ricamente ornada e poderosamente unida em seu todo.

O movimento do poema e sua trama narrativa

A estrutura que a Bíblia de Jerusalém[1] propõe reparte o livro em cinco cantos, enquadrados em um curto prólogo e um epílogo igualmente curto, seguido de alguns apêndices. Mas o texto hebraico não apresenta nenhuma indicação de separação entre os diversos cantos, a passagem de um canto a outro não tem outro marco textual senão uma brusca ruptura narrativa.

Depois do primeiro canto, no qual o diálogo dos dois personagens transcorre em igual medida, mostra-se uma alternância regular. O segundo e o quarto cantos estão articulados ao redor de um monólogo da bem-amada, enquanto o terceiro e o quinto, um pouco mais desenvolvidos, fazem ouvir sobretudo palavras do bem-amado.

Indicamos entre parênteses o número de "estíquios" do texto hebraico, equivalente em linhas ou versos de traduções, o que permite perceber o equilíbrio de tal repartição.

- Ct 1,1-4, Título e prólogo: Embriaguez do amor (5 estíquios)
- Ct 1,5-2,7, Primeiro canto: O encontro (27 estíquios)

---

1. A Bíblia de Jerusalém, em sua versão francesa, foi utilizada pelo autor do texto original, optou-se aqui por uma tradução direta dos textos citados em francês, utilizando-se nas referências a sigla BJ ao longo da obra. [N. da R.]

- Ct 2,8-3,5, Segundo canto: "Ouço a voz do meu amado […]" (28 estíquios)
- Ct 3,6-5,1, Terceiro canto: As núpcias (41 estíquios)
- Ct 5,2-6,3, Quarto canto: "meu amado se foi" (33 estíquios)
- Ct 6,4-8,4, Quinto canto: "Uma só é minha pomba" (45 estíquios)
- Ct 8,5-14, Epílogo e apêndices: "O amor é forte como a morte" (19 estíquios)

O prólogo ou prelúdio (Ct 1,2-4) tem uma importância decisiva, apesar de sua brevidade: quatro linhas, no hebraico, e menos de cinquenta palavras. Não se trata tanto do conteúdo, mas da maneira como é apresentado. Esses poucos versículos envolvem imediatamente o leitor em um verdadeiro turbilhão de sensações, de sentimentos e de imagens. É difícil, para não dizer impossível, escapar de uma série de questionamentos: Quem fala? A quem fala? Onde estamos? Quem é esse rei? Ninguém é nomeado, mas fala-se de um "nome" que se espalha como um perfume inebriante. Vemos que não há *prólogo*, não há *prefácio*, não há preâmbulo, nenhuma advertência ao leitor. Tudo começou há muito tempo, somente o leitor é novo nesse jogo: ele é convidado a envolver-se na história imediatamente ou então permanecerá parado na entrada. Pode ser que seja ele, o leitor, a pessoa mais competente para dizer ao autor do canto estas palavras: "Arrasta-me contigo, corramos!" (Ct 1,4).

Após o prólogo tão abrupto em forma de sequestro do leitor, um "Eu" feminino ressoa e se dirige a destinatários claramente nomeados, as "filhas de Jerusalém", e uma intriga entra em cena. O primeiro canto (Ct 1,5-2,7) é o do *encontro*. Em um ambiente pastoril, os dois amantes, uma pastora e um pastor, primeiro se procuram e se interpelam; depois, tendo-se encontrado ou reencontrado, exprimem mutuamente sua felicidade com uma espécie de êxtase amoroso. Um refrão ressoa como conclusão, endereçado novamente às filhas de Jerusalém, refrão que volta três vezes no livro: um solene convite a "não despertar, não acordar o amor, até que ele queira" (Ct 2,7).

No início do segundo canto (Ct 2,8-3,5), o quadro muda completamente. Trata-se de um outro momento, outro lugar, e toda situação é bem diferente. Tínhamos deixado os amantes juntos, entregues um ao outro. Eis que agora a bem-amada, em sua casa, espreita a chegada de seu bem-amado. Ela ouve a voz dele. O bem-amado está lá fora, ele a convida para o campo, para as montanhas e colinas, enquanto a bem-amada está dentro de casa, em sua cidade, atrás de sua janela e sobre sua cama. O segundo canto dá quase exclusivamente a palavra à bem-amada: é ela quem conta sobre o convite que ouviu de seu bem-amado: "Levanta-te, vem a mim!". É também ela quem diz em resposta: "Levantar-me-ei". Sua ida em busca dele, que a faz passar pelos guardas da cidade, parece ter sucesso, sem que se saiba como: "Encontrei o amado de minha alma!" Mas, sem se pôr a caminho, sem ir ao convite de seu bem-amado, a bem-amada exprime o firme propósito de fazê-lo entrar no interior de sua casa, e até no lugar mais reservado da casa de sua mãe. O refrão ressoa de novo no fim, convidando ainda a ter paciência: "Não despertei, não acordeis o amor, até que ele o queira!"

O terceiro canto (Ct 3,6-5,1) começa com um poema que parece totalmente estranho ao enredo visto até então. Alguns pensaram que se tratava de um sonho, sonho daquele ou daquela que não se deve despertar: é a aparição, vinda do deserto, de um estranho e impressionante cortejo, o cortejo do rei Salomão, nomeado três vezes, rodeado por seus guerreiros de elite em uma preciosa carruagem. Esse canto termina com um convite dirigido às filhas de Sião (o refrão final dos dois primeiros cantos era dirigido às filhas de Jerusalém), dizendo que eram as núpcias do rei (Ct 3,6-11).

O bem-amado toma então longamente a palavra, descrevendo um retrato daquela a quem ele nomeia várias vezes como "noiva", fixando-se sobretudo em sua face, demorando no busto, fazendo dela uma paisagem e um mundo maravilhoso, composto de uma infinidade de imagens de animais, plantas até mesmo bélicas. Essa descrição termina em um novo êxtase amoroso que precede a metáfora de uma entrada no jardim perfumado onde jorram o leite, o mel e também o vinho. A réplica final convida os hóspedes ao jantar, as núpcias se realizam.

Tudo muda novamente quando começa o quarto canto (Ct 5,2-6,1). Por várias características, a situação se parece com a do segundo canto: somente a bem-amada se expressa quase do início ao fim. Não ouviremos o bem-amado, a não ser, como no segundo canto, por intermédio da bem-amada, que diz no começo ter escutado bater e chamar furtivamente. Ela está dentro de sua casa, sobre sua cama. Ela parece hesitar ao apelo do bemamado, suas tentativas de se levantar para ouvi-lo, para buscá-lo, continuam inúteis. Os guardas da cidade a trataram mal. Dirigindo-se às filhas de Jerusalém, ela mostra sua consternação, e o canto poderia terminar com esta confissão: "Estou doente de amor" (Ct 5,8).

Contudo, elas lhe respondem, provocando-a, que ela justifique sua procura, que mostre a superioridade de seu bemamado. Ela, por sua vez, compõe o retrato do homem que ama, detalhando cada parte do seu corpo com ricas metáforas, da cabeça aos pés e chama a atenção a abundância de materiais preciosos. As jovens filhas lhe perguntam de novo, mostrando-se desejosas de se unir à busca dela: "Onde anda o teu amado?"

A resposta da bem-amada é aqui totalmente inesperada. Bruscamente tranquilizada, ela declara que ele "desceu ao seu jardim", um jardim que ela mesma parece ser para ele, pois ela faz ouvir de novo o refrão paradoxal que expressa ao mesmo tempo a proximidade de uma posse mútua mas também uma distância:

> Eu sou do meu amado e meu amado é meu.
> Ele é pastor entre açucenas (Ct 6,3; cf. 2,16).

É sobre essa afirmação feliz de uma misteriosa proximidade que termina a longa busca do quarto canto.

Confirmando essa presença, o quinto canto (Ct 6,4-8,4) nos faz ouvir logo o bem-amado dirigindo-se àquela que ele ama, bem próxima. Ele toma, sozinho, a palavra em um longo elogio amoroso, novamente na forma de um retrato que se fixa no rosto da bem-amada.

Uma duplicação se faz a partir de Cântico 7,1. Um "nós" e um "vós" intervêm, referindo-se à "Sulamita, como dançando em dois coros", e um novo retrato dela é apresentado, partindo, desta vez, dos pés, pois ela está dançando. O autor não é o bem-amado, mas aqueles ou aquelas que acabam de declarar: "Volta-te! Volta-te! Queremos te contemplar!". Enquanto os olhares vão subindo até o alto da cabeça, a surpresa: "um rei enlaçado em tuas tranças"! Esta evocação abre para o terceiro e último êxtase de amor do livro. O diálogo termina, como os dois primeiros, pelo refrão, agora bem conhecido:

> Filhas de Jerusalém, eu vos conjuro:
> Não desperteis, não acordeis o amor,
> até que ele o queira (Ct 8,4 = 2,7; 3,5).

O epílogo (Ct 8,5-7a), breve como o prólogo, é denso e complexo. Parece fazer intervir todos os personagens, o bem-amado, a bem-amada e o coro, mas mais ainda o ouvinte, o espectador, o leitor... Com o autor do livro, o leitor pode tirar a lição:

> O amor é forte como a Morte [...]
> as águas da torrente jamais poderão apagar o amor,
> nem os rios afogá-lo! (Ct 8,6.7a).

Depois dessa amplidão de perspectiva, os últimos versículos do livro (Ct 8,8-14) surpreendem por seu caráter anedótico. Eles se compõem de três estrofes distintas:

> Nossa irmã é pequenina, e ainda não tem seios... (Ct 8,8-10).
> Salomão tinha uma vinha em Baal-Hamon... (Ct 8,11-12).
> Tu que habitas nos jardins... (Ct 8,13-14).

Certas palavras ou imagens enlaçam as estrofes umas às outras, retomam elementos do grande poema, mas a maior parte dos comentadores está de acordo em ver adições aqui. A última imagem, tirada de um registro longamente desenvolvido no livro, bem longe de formar uma conclusão, descreve um ponto de fuga. De fato, tudo continua aberto, o poema não terminou, pois o bem-amado é convidado a fugir de novo:

> Foge logo, ó meu amado, como um gamo,
> um filhote de gazela, pelos montes perfumados... (Ct 8,14).

Uma alegoria?

Estamos aqui em presença de um canto nupcial, de um charmoso madrigal com ressonâncias primeiramente eróticas, ou teria o autor do livro tido em vista contar outra coisa com esses poemas: por exemplo, a aventura de Israel face ao Deus da Aliança, a iniciação amorosa de um povo?

Os autores modernos têm razão, ou não, de incriminar a leitura alegórica cristã que reconhece completamente a alma do cristão e a Igreja na pessoa da bem-amada, e o Cristo Senhor no bem-amado?

O debate das interpretações questiona a significação original do livro, mas não esgota o texto, pois fica demasiadamente na superfície, apenas no nível do intelecto, continuando a obstruir certas entradas do livro, impedindo o leitor de mergulhar na aventura amorosa que Deus lhe propõe através do Cântico dos Cânticos, pois esse livro é interpelativo, convidativo: o "erótico", a estimulação de um desejo, é uma dimensão irredutível de toda Palavra de Deus.

Um poema desses, isto se vê bem, esconde numerosos enigmas, deixa muitas questões sem resposta. Isso vem, em parte, da natureza poética do texto: não se trata de uma tese teológica ou filosófica. No entanto, como o texto está entre as outras Sagradas Escrituras, o estatuto dessa parte enigmática intriga, desorienta e por fim divide os comentadores, sobretudo em nossa época. O movimento natural da inteligência é reduzir o desconhecido ao conhecido, querer compreender, captar o que resiste a ser dominado. Para o cristão, entretanto, o amor, objeto do poema, é precisamente o que ultrapassa toda inteligência, todo conhecimento (Ef 3,19), e o [...] nos inicia no movimento do amor, que é o inverso: as pessoas querem ser conduzidas ao desconhecido, deixar-se conquistar, desprender-se e arrebatar, desapossar-se do domínio de si.

Poderíamos dizer, usando as categorias valorizadas pelo Papa Francisco, que a realidade do amor ultrapassa a ideia do amor. Toda exegese é confrontada com esse desafio: por termos as Escrituras por verdadeira Palavra de Deus, ninguém pode pretender, estritamente falando, *compreendê-la* como se fosse letra morta. Por falta dessa grande sutileza, que é a da fé, a Bíblia seria apenas um conjunto de traços antigos e respeitáveis, entre outros traços históricos, sem alcance vivo e pessoal para o leitor contemporâneo. Pelo contrário, permanecemos, como antigamente, desafiados pelas Escrituras, chamados, convocados por uma Palavra sempre viva e atuante. Eu mesmo, se me arrisco a oferecer esse pequeno estudo, não é para dizer que "compreendi" para querer reduzir à minha medida o imenso, o incompreensível; para reduzir o mistério a um problema finalmente resolvido, mas para ser de novo e sempre mais provocado e transformado nessa leitura, com a esperança de comunicar a outros esse mesmo desejo: o de "saborear" a Palavra de Deus que alimenta, que é eficaz e salutar (cf. 1Pd 2,2-3).

O filósofo Jean-Louis Chrétien caracterizou a singularidade desse livro bíblico tendo em vista a centralidade de seu tema: o Cântico é muito mais que uma parábola do amor divino; é "uma Bíblia dentro da Bíblia, uma parte completa, total", porque é "a fenda, a fresta" pela qual a Bíblia inteira fala. O Cântico propicia o aprofundamento no corpo humano, de onde um Desejo maior faz os homens e as mulheres falarem em direção a Deus, o qual é reconhecido misteriosamente como o inspirador primeiro, o autor das palavras que o procuram.

3
A poética do canto

Nenhum povo jamais se cansou de ouvir cantos de amor, tanto que ainda hoje as canções populares voltam frequentemente ao pequeno refrão: "Eu te amo!". O amor é cantado porque faz cantar. Há uma bela aliança entre o amor e o canto, no conteúdo e na forma.

O que nos ensina a forma do Cântico dos Cânticos? Em que ele é ainda para nós um canto, para nós que não conhecemos sua música, para nossos ouvidos estranhos à língua hebraica que o viu nascer?

O Cântico é um canto na medida em que esse texto pode ser partilhado e repetido por outros. Ele se dirige a nós para se tornar nosso próprio canto, para surgir em nossos lábios, não ao preço de uma grosseira decifração da partitura, mas por força de uma inscrição quase involuntária em nossa memória. A isso concorrem vários traços de escrita, de estilo.

O primeiro é a simplicidade da distribuição dos papéis. Ao redor dos atores – o par central e o pequeno coro que às vezes toma a palavra –, o número dos personagens evocados é pequeno. O uso constante de pronomes da primeira e da segunda pessoa favorecem a apropriação do canto pelos ouvintes. O segundo procedimento é o uso de refrãos, o que contribui no processo de assimilação e permite a aproximação progressiva com a situação, com a aventura narrada no canto. Um terceiro procedimento é o grande número de imagens que aparecem em registros bem definidos nos cinco cantos que formam o todo.

Plasticidade dos pronomes pessoais

Uma das características mais marcantes do Cântico é o diálogo permanente de que é constituído: os dois personagens principais não cessam de se dirigir um ao outro. Mesmo o coro é envolvido pelos protagonistas e os interpela. O autor do Cântico nunca parece fazer ouvir pessoalmente sua voz; ele permanece a testemunha especular dessas intercomunicações.

Já o dissemos no início: o texto primitivo jamais mostra a identidade dos interlocutores, e o leitor não sabe quase nada desses personagens que cantam a seus ouvidos. Por isso, os pronomes pessoais que articulam o discurso têm uma função essencial. Longe de definir os papéis com o rigor que teriam os nomes próprios ou as menções marginais que foram elaboradas mais tarde para tentar esclarecer o cenário geral, os pronomes, por sua neutralidade, convidam constantemente o leitor a entrar no jogo relacional que se desenvolve diante de seus olhos.

> Avisa-me, amado de minha alma [...] (Ct 1,7).
> Meu amado é meu e eu sou dele (Ct 2,16; 6,3; cf. 7,11).

Cada "Eu", cada "Tu" está disponível para que o leitor entre no jogo, pois é justamente essa a função do canto: ser repetido, revivido, reatualizado por aquele que se põe a cantar. Ora, quanto a esse ponto preciso, a proposta não é diferente da dos Salmos: colocar nos lábios e na boca do fiel a oração que eles exprimem, para que a faça sua. Meu mestre de noviços não parava de dizer: quando vocês cantam um salmo, não se trata de pensar *naquilo* que vocês dizem, mas pensar *aquilo* que vocês dizem! Trata-se de uma atitude bem diferente e cheia de consequências... O Cântico dos Cânticos tem essa mesma ambição.

Para isso, certa mistura de referências no uso dos pronomes pessoais funciona como multiplicação dos pontos de acesso, como portas de entrada. Quando um ou outro toma a palavra no interior de monólogos ou de passagens dialogadas, constata-se a passagem bastante frequente, repentina e desconcertante do "Tu" ao "Ele" ou a "Ela", que designa o parceiro, ou o inverso, como neste primeiro versículo:

> Que me beije com beijos de sua boca!
> Teus amores são melhores do que o vinho (Ct 1,2).

A confusão virá também do fato de que essa segunda frase, aqui nos lábios da bem-amada, volta mais adiante como eco nos lábios do bem-amado: "Teus amores são melhores do que o vinho!" (Ct 4,10).

Outro exemplo de brusca mudança de interlocutor, vindo dessa vez do coro:

> Ah, vós contemplais a Sulamita, como uma dança em dois coros!
> Os teus pés... como são belos nas sandálias, ó filha de nobres! (Ct 7,1-2).

Por que e como, essa brusca mudança? A quem se fala primeiro, e quem fala em seguida à filha princesa? O fenômeno desorienta às vezes nossos espíritos cartesianos, a ponto de sermos tentados a cortar em pedaços o poema para ver o efeito de uma colagem desses versos nos quais as imagens se encadeassem de maneira mais límpida.

Há autores que notaram o parentesco desse fenômeno com o da poesia amorosa egípcia. Mas também aqueles e aquelas que se familiarizaram com os Salmos não se surpreendem essas características, pois a passagem súbita da segunda para a terceira pessoa é frequente na poesia hebraica. Assim, no final do Salmo 27 (26), onde o salmista não cessa de oscilar entre um dirigir-se a Deus e a expressão distanciada de sua fé em Deus, convicção íntima que redunda e termina com uma surpreendente interpelação que ele dirige a si mesmo: "espera em Javé":

> Não me deixes, não me abandones, meu Deus salvador!
> Meu pai e minha mãe me abandonaram, mas Javé me acolhe!
> Ensina-me o teu caminho, Javé! Guia-me por vereda plana [...].
> Eu creio que verei a bondade de Javé na terra dos viventes.
> Espera em Javé, sê firme.
> Fortalece teu coração e espera em Javé! (Sl 27 (26), 9... 14).

O que ouvimos aqui é uma única voz, e não uma infinidade de papéis a serem definidos.

No Cântico, igualmente, os personagens relacionados pelo poeta hebreu são "Eus" que, saindo de si, dirigem-se a um "Tu" bem-amado, presente diante deles e que os interpela, não esquecendo jamais sua interioridade inviolável, sua alma, esse lugar íntimo que é atravessado por pensamentos rápidos, fugidios ou obsessivos; pensamentos que o interlocutor não percebe mas que o sujeito exprime, pois estamos no território da poesia, nesse lugar de liberdade máxima para a palavra humana. Esse discurso, ao mesmo tempo pessoal e polifônico, tem como efeito conferir uma densidade toda particular ao personagem que fala: não se reduz à mensagem que transmite, é possuído por outro interior, um *hinterland*, percebido somente pelas confidências que escapam ao longo do discurso. Deve-se entender que não se trata de um procedimento literário ou psicológico, mas de um traço da antropologia bíblica, um modo de expressar a riqueza de um sujeito humano. O personagem não é um simples portador de mensagem, não executa uma função; é um sujeito em toda a sua densidade. Não se trata de um plano programado pelo autor, seja qual for a complexidade da sua elaboração; é um sujeito autêntico, reflexo do próprio poeta, exposto diante de Deus e de seus leitores. Novamente usando as palavras do Papa Francisco, poderíamos dizer que esse sujeito humano, como o mundo, é um "poliedro" irredutível, portador de uma liberdade que manifesta essa aparente pluralidade interior.

Essa pluralidade traduz o mundo interior do personagem. Assim, em presença unicamente do bem-amado, a bem-amada se dirige, contudo, a terceiros: quem é esse "vós" que surge em pleno meio de uma cena necessariamente privada e íntima?

> Sustentai-me com bolos de passas, dai-me forças com maçãs, oh! que estou doente de amor.
> Sua mão esquerda está sob minha cabeça, e com a direita me abraça (Ct 2,5-6).

A princípio, parece que esse "vós" só pode ser indefinido, uma espécie de mensagem ao leitor. Como se a bem-amada dissesse: "Que alguém me sustente…, que alguém me dê forças…". No entanto, a dificuldade volta imediatamente após esse êxtase apaixonado, com um dos refrãos do livro, e dessa vez se diz expressamente que designa as "filhas de Jerusalém", talvez as companheiras da bem-amada:

Filhas de Jerusalém, pelas cervas e gazelas do campo, eu vos conjuro: não desperteis, não acordeis o amor, até que ele o queira (Ct 2,7; cf. 3,5; 8,4).

Quem fala aqui? A esse apelo sempre segue imediatamente uma palavra da bem-amada, e é a ela que muitos comentadores antigos a atribuem, especialmente porque na expressão final "que *ele* o queira", o adjetivo possessivo está no masculino no hebraico. No entanto, alguns atribuem o apelo ao bem-amado. Notemos, contudo, que em um e em outro caso um apelo tão solene é absolutamente incompatível com a intimidade das cenas em que ele aparece e nas quais os amantes parecem ser os únicos no mundo.

Esse refrão, que aparece sempre como conclusão de um canto, estabelecendo assim um parentesco entre eles e dando-lhes uma semelhança familiar, continua sendo a expressão interior, pessoal e comum aos dois parceiros de um desejo de eternidade, do anelo de que nada nem ninguém venha interromper um momento tão maravilhoso, esse momento do amor que já rima com eternidade... Então, é tanto o autor como o leitor que fala, lançando um apelo ao silêncio para que dure essa graça que não tem fim, a felicidade de estar juntos, plenificados. Essa é a virtude do canto: ser capaz de pousar nos lábios de todos, como se fosse um contágio abençoado.

Os refrãos, duplas, repetições e ecos

Já apontamos o fenômeno de alternância que transparece na distribuição geral do livro. Essa distribuição alternada pode ser comparada com a de uma cantata ou de um oratório: depois de um dueto inicial (canto I), ouvimos a voz da mulher sozinha (canto II), depois a do homem (canto III) e novamente a voz feminina (canto IV), em seguida mais uma vez a voz do homem (canto V) para terminar com o coral. Sobre a repartição geral figuram também as intervenções do pequeno coro, diversas vezes no final de cada uma das partes assim delimitadas.

Criadora de ritmos, a alternância é igualmente perceptível por causa das repetições que marcam a composição do Cântico e lhe conferem verdadeira unidade musical. Já lembramos diversos refrãos, dentre os quais o mais desenvolvido é o que se dirige às filhas de Jerusalém (Ct 2,7; 3,5; 8,4). Em torno desse tríplice refrão gravitam repetições parciais, à semelhança do que aparece, em certas ocasiões, no uso de uma música em um filme como se vê, por exemplo, o motivo melódico associado a determinado personagem, a uma situação grave ou jocosa, de esperança ou de angústia. Assim, encontramos a fórmula parcial "Eu vos conjuro, filhas de Jerusalém" (Ct 5,8) e também a simples alusão às "filhas de Jerusalém" (Ct 1,5; 5,16).

A qualificação de "bela" retorna por volta de quinze vezes nos oito capítulos do poema. A palavra hebraica *yafah* entra na composição de vários refrãos mais curtos, mas não menos importantes: "Como és bela, minha amada!" (Ct 1,15 bis; 4,1 bis; 7,7) e ainda: "Ó mais bela das mulheres!" (Ct 1,8; 5,9; 6,1). O dueto inicial faz ressoar sobre esse tema um motivo paralelo e alternado, bem característico do canto:

– Como és bela, minha amada, como és bela! [...]
Teus olhos são pombas.
– Como és belo, meu amado, e que doçura!
Nosso leito é todo de relva (Ct 1,15-16).

Do mesmo modo, as apelações que os dois parceiros formulam não cessam de ecoar ao longo de todo o livro. As palavras "bem-amado, bem-amada" são as que ressoam mais vezes na tradução francesa da BJ, utilizada neste trabalho. Uma olhada mais atenta mostra que no texto hebraico o homem recebe mais de vinte vezes a designação *dodi*, "meu bem-amado". Essa palavra tem um caráter mais ativo que passivo, mais "amante", que "bem-amado". Há comentadores que veem no uso desta única palavra reservada ao parceiro masculino, a marca da unicidade que convém a Deus. A mulher, por sua vez recebe múltiplas denominações: a maior parte das vezes *ra'eyati*, literalmente "minha [toda] próxima, minha amiga"; e também "minha irmã", "noiva", "minha bela", "minha pomba", "minha perfeita", "filha de príncipe, de nobre", "amor", "delícias".

Esse diálogo assimétrico reveste uma dimensão bem musical: um conjunto orquestral bem diversificado responde ao apelo repetido de uma melodia idêntica sobre um único instrumento.

Imagens recorrentes

Outro elemento bem marcante da unidade poética do Cântico é o conjunto de imagens que são retomadas ao longo de todo o livro. Sua frequência é tão característica que o exegeta americano Robert Alter, em um estudo sobre a poética bíblica, intitulou as páginas consagradas a este livro de "O Jardim da Metáfora". A análise temática que apresentaremos nos capítulos seguintes permitirá explorar essa riqueza, mas é bom já perceber a eficácia global disso na economia do poema. Raras são as imagens isoladas: todas se inserem em um ou em vários registros privilegiados que descrevem o quadro simbólico em que se movem os bem-amados.

Notemos primeiro a presença significativa de uma natureza finamente observada e apreciada. Essa dimensão, totalmente original no corpus bíblico, contribui para fazer do Cântico um poema que não envelhece. Se a geografia é a da Palestina e das terras vizinhas, as descrições são comuns e familiares, facilmente imagináveis e transferíveis para os tempos contemporâneos. Montanhas, colinas, árvores, fontes e ventos se reencontram em todos os cantos, com o contraponto, igualmente presente ao longo de todo o poema, de construções humanas: uma casa, um muro, um palácio, um quarto, uma janela, um celeiro, uma cidade, torres e muralhas.

A dimensão propriamente pastoril aparece nos cinco cantos, assim como a evocação dos jardins e das flores, uma vegetação às vezes exuberante na qual a vinha ocupa o primeiro lugar, acompanhada pela figueira e pela romãzeira. Essa natureza é habitada. A presença animal está bem próxima, tanto a de rebanhos de cabras e ovelhas como a de animais selvagens, raposas e leopardos. "Pomba" e "gazela" estão presentes em cada um dos cinco cantos. Às vezes, a imagem exerce o papel de gancho: assim, a imagem das gazelas que encerra o primeiro canto é também a imagem que abre o segundo (Ct 2,7/2,9); a imagem dos rebanhos fecha o quarto canto e abre o quinto (Ct 6,2-3/6,5-6). O poeta não multiplica gratuitamente o número de espécies: trata-se de um pequeno conjunto de figuras escolhidas, recorrentes, que compõe a corte do casal real.

O registro do corpo humano tem um lugar importante: antes dos longos retratos detalhados dos cantos III, IV e V, que formam o que na linguagem cinematográfica se chamaria de uma "parada" sobre a imagem; devem-se destacar, desde o primeiro canto, os elementos esparsos que dão início aos retratos que vêm: "tuas faces […] teu pescoço" (Ct 1,10), "teus olhos" (Ct 1,15), "seu braço esquerdo" (Ct 2,6). Por essa dimensão física, os sentidos da vista e da audição são solicitados permanentemente, mas também, com um destaque que não se vê em toda a Bíblia, o sentido do olfato: perfumes se difundem quase sem interrupção desde o prólogo até o epílogo.

Apesar de nossa civilização técnica, esses dois registros da natureza e do corpo continuam eminentemente acessíveis e universais. Em torno dessa exaltação dos corpos físicos no meio de uma natureza pacífica, algumas imagens de registros diferentes formam aqui e ali harmonias menores. O vocabulário régio faz parte das convenções da poesia nupcial antiga, mas se torna mais preciso aqui na figura de "Salomão", com seu palácio, seu cortejo, sua guarda pessoal. A guerra não fica longe, e a ela se alude até nos retratos da bem-amada, "terrível como um esquadrão".

Elementos que aparecem de maneira mais transitória vêm de uma situação sociotemporal precisa e realista: no fundo dessa história figuram mães, irmãos, companheiros e companheiras de cada um dos amantes. Como os guardas da cidade, eles estão presentes diversas vezes no relato: presença descontínua que dá densidade a uma aventura real e nada abstrata e desencarnada.

Deve-se destacar que muitas imagens tomadas isoladamente fazem parte do vocabulário convencional da poesia de amor como aquelas de que se encontram traços também nas civilizações vizinhas. Mas seu acúmulo no Cântico dos Cânticos, sua dinâmica própria, o sentimento de simplicidade atemporal que suscitam provêm de um gênio poético extraordinário.

4
À procura de um Nome
Tema 1

Desde o prólogo, uma espécie de enigma está no ar:

O odor dos teus perfumes é suave,
teu nome é como óleo escorrendo,
e as donzelas se enamoram de ti (Ct 1,3).

Qual é então esse nome? Qual é esse nome como um perfume que provoca amor? Quem é esse Tu a quem se dirige a poesia?

O poeta faz vibrar a assonância entre *shem*, "o nome"; e *shemen*, "o óleo, o perfume", palavra repetida que emoldura esse verso. A tradução litúrgica reflete essa repetição: "Delícia, o odor de teus perfumes; teu nome, um perfume que se derrama." Em nenhum outro lugar do poema voltará a ressoar a palavra *shem*, "nome", enquanto os "perfumes", eles sim vão se multiplicar e aparecer de diversas maneiras, espalhando-se ao longo do texto com prodigalidade inaudita.

Apreciar plenamente essa assonância é se lembrar do que o óleo e o perfume simbolizam no universo bíblico: nada menos que o Messias, o Cristo, literalmente, "o Ungido", sacerdote e rei, aquele que recebeu a unção com óleo perfumado. Acrescentemos que esse óleo "que se derrama" é literalmente um óleo "despejado", de maneira que Orígenes aproximou essa imagem inaugural à "kenosis" de Cristo. A palavra "kenosis" vem do mesmo verbo grego *kenoo*, "esvaziar", presente no hino da *Carta aos Filipenses*, "ele se esvaziou [...] até a morte [...]. Por isso [...] Deus lhe conferiu o nome que está acima de todo nome" (Fl 2,6-11).

Essa única menção do "nome" na abertura do Cântico ressoa ainda mais fortemente porque esse texto bíblico tem como singularidade nunca dizer o nome de Deus ou Javé, nem o Altíssimo, o Todo-poderoso, o Senhor. Essa ausência pareceu tão anormal que alguns, justificados por elementos da tradução grega, acreditaram encontrar um tipo de criptograma dos nomes divinos no surpreendente apelo que faz o refrão: "[...] pelas gazelas, pelos bichos do campo": as palavras şeba'ah, "gazelas"; e *'ayélet hasadeh*, "cervas do campo", têm sido aproximadas aos títulos divinos, YHWH şaba'ot, Senhor "dos exércitos" e ''el shaddai, outro nome divino, "Deus de poder". De fato, encontra-se nesses poemas apenas um "pequeno" nome divino, bem no fim do livro:

> Pois o amor é forte como a morte, o ciúme é inflexível como o Sheol.
> Suas chamas são chamas de fogo, uma faísca de Yah! (Ct 8,6).

"Yah"? O tradutor grego não reconheceu aqui um nome de Deus: ele interpretou a sílaba como um sufixo pronominal. Mas "Yah" é a forma contraída de Yahwé, o tetragrama impronunciável YHWH, de que aparecem aqui apenas as duas primeiras letras, ou melhor, a primeira e a última, YH. E isso sublinha ainda mais o caráter impronunciável e enigmático desse nome. Esse

Nome escapa ao homem; ele diz o inexprimível, sem o dominar nem dele se apossar. Tal é a virtude de todos os nomes próprios, contentam-se com designar sujeitos singulares no meio de outros que se pareçam com eles. O nome comum "montanha" se aplica a muitos lugares, mas o "Carmelo" ou o "Hermon" são únicos. Em face de todos os nomes próprios, entretanto, Um só continua totalmente o Único, Aquele cujo Nome está acima de todo nome.

Nossa primeira pesquisa temática vai se dedicar aos nomes próprios que aparecem no livro, nomes de pessoas e de lugares. E tal conjunto de referências deve nos permitir não tirar o anonimato dos dois amantes, mas situá-lo melhor e compreender seu significado. De fato, esse anonimato não é sinal de banalidade, pois o caráter incomparável, único, de cada um dos dois amantes é evidenciado e expressamente reivindicado:

> Que sejam sessenta as rainhas, oitenta as concubinas, e as donzelas, sem conta:
> Uma só é minha pomba sem defeito,
> uma só a preferida pela mãe que a gerou (Ct 6,8-9).
> O que é teu amado mais que os outros, ó mais bela das mulheres?
> Que é teu amado mais que os outros, para assim nos conjurares?
> – Meu amado é branco e rosado, saliente entre dez mil (Ct 5,9-10).

Paradoxalmente, é aqui, com uma comparação cifrada, que se expressa o caráter incomparável, e os números invocados para dizer a unicidade são eloquentes em sua desproporção relativa: "sessenta, oitenta" para a jovem mulher, mas para o bem-amado: "dez mil"! O bem-amado, portanto, é muito mais único, se assim podemos dizer, do que a bem-amada. E é precisamente do nome dele que fala a bem-amada nesse verso enigmático que abre o poema. O inventário dos raros nomes próprios do livro é rico de ensinamentos.

Nomes próprios de pessoas

Com certeza, entre os nomes que coroam a singular assinatura de "Yah", o nome que mais se repete é "Salomão", representando a metade dos nomes assinalados: uma vez no próprio título, como autor ou destinatário do poema (Ct 1,1), uma vez no primeiro canto (Ct 1,5), duas vezes em um apêndice no fim do livro na referência à vinha (Ct 8,11-12) e três vezes no meio, no impressionante cortejo nupcial que sobe do deserto (Ct 3,7.9.11). No contexto de tão pequeno número de nomes próprios, não se pode deixar de aproximar de "Salomão" o nome da "Sulamita" (Ct 7,1bis), da mesma raiz, SLM, que significa a paz, a felicidade: todos conhecemos o nome da saudação tradicional, o "bom dia" hebraico, *shalom*, voto de paz, de saúde, de bem-estar.

A apresentação dos outros nomes próprios evidencia que a referência salomônica representa simbolicamente bem mais que a exata metade que pode ser contada, uma vez que as outras figuras estão bastante relacionadas ao mesmo Salomão.

O nome de "Davi", pai de Salomão, só aparece uma vez, no primeiro retrato da bem-amada, e isso não diretamente, mas pela imagem de uma construção guerreira, a partir dos colares e joias que enfeitam o pescoço da bem-amada:

Teu pescoço é como a torre de Davi, construída com defesas;
dela pendem mil escudos e armaduras dos heróis (Ct 4,4).

Foi por causa do sangue por ele derramado que o guerreiro Davi não foi considerado digno de edificar a morada de seu Deus: o privilégio de construir o Templo de Jerusalém foi reservado a seu filho Salomão, o "rei pacífico" (cf. 2Sm 7).

O nome "Israel" (Ct 3,7) não designa aqui o patriarca Jacó, mas a nação, o reino, no título dado àqueles que cercam o palanquim do rei Salomão: "os heróis de Israel".

Resta-nos aludir ainda a duas figuras mais distantes. Vemos logo que o poema se preocupa menos com essas personagens do que com suas "carruagens":

> Minha amada, eu a comparo
> à égua atrelada à carruagem do Faraó (Ct 1,9).
> Eu não conhecia meu coração:
> ele fez de mim as carruagens de Aminadib (Ct 6,12).

Aminadib, personagem desconhecido na Bíblia, deu lugar a muitas hipóteses. Seria um nome ou um título? A palavra foi às vezes traduzida como *ammi-nadib*, "meu povo príncipe". De quem se poderia tratar?

É tentador aproximar as "carruagens" desses dois personagens. Essas duas carruagens formam duplo contraponto da preciosa "liteira" de Salomão (Ct 3,6), de seu palanquim tão longamente descrito (Ct 3,9), que é também uma espécie de carruagem, uma grande cadeira portátil, onde um personagem importante pode viajar acomodado. "Aminadib" não seria talvez o equivalente de "Faraó", presente no primeiro canto, designando-o novamente neste quinto canto, o Faraó cuja filha teria se casado com Salomão, conforme conta história bíblica (1Rs 3,1)? A bem-amada teria chegado a Israel na mais bela carruagem de seu pai, é para ela que se dirige neste momento o olhar apaixonado do rei Salomão. Assim, para as núpcias, ambas as partes teriam feito desfilar suas mais belas montarias, e, no que se refere ao luxo, teriam rivalizado com suas carruagens mais preciosas. Ainda hoje, um casamento é ocasião de desfilar na mais bela viatura, polida, enfeitada, talvez alugada, se for necessário, às vezes uma verdadeira antiguidade, peça de coleção. A comparação parece anacrônica? Isso seria esquecer o extraordinário favorecimento que os cavalos e carruagens recebiam na Antiguidade e até a época industrial, quando se tornaram "carros" no século XX, ancestrais do automóvel e de equipamentos militares de primeira importância. É bem conhecida a devoção idolátrica do imperador Calígula, cujo cavalo residia no Senado romano. Conta-se até na Bíblia o orgulho tributado pelos israelitas a "carruagens e cavalos", símbolos de força e objetos de cuidados proféticos (cf. 2Cr 1,14-17; 1Sm 8,11s; Sl 20 (19), 8). Nisso tudo, portanto, "nada de novo debaixo do sol", como o Eclesiastes (Coélet) não cessava de repetir (Ecl 1,9 s).

Uma reduzida quantidade de nomes de pessoas foi, portanto, restrita a um único personagem, Salomão, e a um acontecimento particular, seu casamento com a filha do Faraó. Uma das mais tradicionais leituras tem aí sua base. No começo do século V, na Antioquia cristã, Teodoro de Mopsuéstia combateu a tendência alegórica vinda de Orígenes e da escola de Alexandria, lembrando firmemente o ponto de partida histórico: o Cântico não deve ser lido senão como um canto nupcial, um "epitalâmio", a exemplo do Salmo 45 (44). Essa posição realista, isolada em sua época, granjeou a ele grande consideração na atualidade, por parte dos exegetas formados segundo as exigências histórico-críticas. No entanto, ele foi condenado durante o segundo Concílio de Constantinopla (553), mais de um século após sua morte.

Nomes próprios de lugares

Os nomes próprios de lugares, menos de trinta, são igualmente ricos de significado. O refrão que privilegia "Jerusalém" é o mais sugestivo: "Jerusalém" aparece sete vezes. Notemos que esse nome contém as mesmas letras de "Salomão" e da "Sulamita", a raiz SLM, "paz, felicidade". Ouvimos ressoar tal assonância no Salmo 122 (121), que celebra Jerusalém:

> Pedi a paz para Jerusalém: "Que estejam tranquilos os que te amam!
> Haja paz em teus muros, e estejam tranquilos teus palácios!"
> [...]
> "Felicidade para ti!" (Sl 122 (121),6-7... 8).

Nessa cantata da felicidade que é o Cântico, a palavra do refrão "filhas de Jerusalém" valoriza, por um efeito de proximidade e de diferença, duas notas singulares ao longo do livro.

A primeira, por ser a única endereçada às "filhas de Sião", encerra a surpreendente descrição da carruagem de Salomão no dia do seu casamento (Ct 3,11). Nesse episódio, totalmente novo e imprevisível, que surge como toques de trompetes no meio dos cantos alternados, o dirigir-se às "filhas de Sião" faz lembrar algo familiar, estabelece uma ligação, que, contudo, ressoa de forma diferente. A denominação "filhas de Sião" está no centro das menções às "filhas de Jerusalém": três a precedem e três a seguem. Qual será a diferença? "Sião" designa o coração da cidade, a cidade de Davi, a parte mais antiga, com o palácio do rei próximo ao Templo: lembrança ao mesmo tempo religiosa e afetiva. Percebe-se bem essa progressão em direção ao interior no cântico de Ben Sirac:

> Compadece-te, [Senhor], de tua cidade santa, Jerusalém, lugar de teu repouso,
> Enche Sião de teu louvor, e o santuário com tua glória (Sr 36,18-19).

A segunda nota é a única menção de "Jerusalém" que não está no contexto das "filhas de Jerusalém". Ela aparece na boca do bem-amado, no segundo retrato que ele faz de sua amiga:

> És formosa, minha amiga, és como Tersa,
> bela como Jerusalém, és terrível como esquadrão (Ct 6,4).

No meio da geografia aprazível que abrilhanta os retratos da bem-amada, essa comparação tem um estatuto particular. Primeiro, porque formalmente "Jerusalém" é, com o "Líbano", o lugar que recebe no conjunto do livro o maior número de menções. Depois, porque trata-se não apenas de um detalhe, da face ou do corpo da bem-amada, mas dela inteira.

Que significa "Tersa", que aparece aqui como contraponto de "Jerusalém"? Tersa foi a primeira capital do reino do Norte, até por volta de 880 (1Rs 14,17; 16,23s). Não "Samaria", com seu triste cheiro de derrota e de infâmia, mas "Tersa", que significa "agradável". O texto grego, em vez de trazer o nome da cidade, traduz a palavra. No tempo em que o Cântico estava sendo escrito, já não havia o reino do Norte, Samaria estava em ruínas desde 721. Continua existindo somente o reino de Judá, com Jerusalém como capital, porém, por essa evocação, esta última recebe em herança toda a beleza dos dois reinos, a beleza indivisa da Israel de sempre, "terrível como um esquadrão".

O "Líbano" também é mencionado sete vezes. No início, isso nos parece estranho. Como o Líbano poderia rivalizar com Jerusalém?

O nome de Líbano não aparece nos primeiros três cantos, mas apenas nos três últimos, depois da irrupção do cortejo nupcial. Isso tem relação tanto com o bem-amado quanto com a bem-amada. A primeira menção é a "madeira do Líbano", da qual é feito o precioso palanquim de Salomão: à primeira vista, um material insignificante, como uma árvore de abeto do Jura, uma pedra de Borgonha ou um mármore dos Pireneus? Um material precioso, como as "pedras de Tarsis" que ornam as mãos do bem-amado (Ct 5,14)?

É tudo isso e muito mais! A madeira do Líbano é uma chave na gesta salomônica, como nos é contado no *Primeiro Livro dos Reis*. Em primeiro lugar, no relato que apresenta a sabedoria e os grandes conhecimentos de Salomão, o "cedro do Líbano" é a única árvore nomeada pela fama de sua excelência.

> Pronunciou três mil provérbios, e seus cantos foram em número de mil e cinco. Falou das plantas, desde o cedro que cresce no Líbano, até o hissopo que sobe pelas paredes. Falou também dos quadrúpedes, das aves, dos répteis e dos peixes[...] (Rs 5,12-13).

O cedro do Líbano é considerado na Bíblia a árvore mais bonita, a mais nobre de todas, um símbolo de senhorio e de glória, também uma imagem do orgulho dos poderosos (Is 2,13; 10,34; 14,8; Ez 31). É nesse sentido glorioso que uma crônica (1Rs 5,15-32) conta longamente os tratados de Salomão com Hiram, rei de Tiro, para a extração, o transporte e a preparação de todos os cedros necessários para a construção e a decoração do Templo, que recebe três vezes a surpreendente denominação "A Casa da Floresta do Líbano" (1Rs 7,2; 10,17.21).

Após a dedicação do Templo, a recordação dessa notícia (1Rs 9,10-28) alude de novo a Hiram, assim como à madeira de cedro e de cipreste vinda do Líbano, duas vezes mencionando a construção de uma casa para a filha do Faraó, o dote entregue para ele, e a autoridade adquirida por Salomão sobre o Líbano:

> E Salomão construiu o que lhe aprouve, em Jerusalém, no Líbano e em todos os países que lhe estavam sujeitos (1Rs 9,19; 2Cr 8,6).

Após essa comparação da "madeira do Líbano" com a glória e o esplendor do Templo, com o gênio construtor de Salomão e a extensão de sua autoridade, no retrato do bem-amado encontramos um traço que recapitula sua excelência nestes termos:

> Seu aspecto é o do Líbano,
> altaneiro como um cedro (Ct 5,15).

A grandeza, a altura, a nobreza e a beleza são os traços que caracterizam o Líbano, por causa dos cedros e também pelos cumes nevados que o coroam, três dos quais são nomeados:

> Vem do Líbano, noiva minha, vem do Líbano e faz tua entrada comigo.
> Desce do alto do Amana, do cume do Sanir e do Hermon, esconderijo dos leões, montes, onde rondam as panteras (Ct 4,8).

Essa elevada situação reaparece no retrato da Sulamita:

> Teu nariz, como a torre do Líbano, voltada para Damasco (Ct 7,5).

De fato, o Hermon, com seus mais de 2.800 metros de altura, domina a bacia de Damasco, e essa posição estratégica continua sendo um alvo militar até os nossos dias: era o que estava em jogo na Guerra de Golan, planalto situado aos pés do Hermon, ponto fronteiriço entre o Líbano, Israel e a Síria. Sabe-se também muito bem o que representa hoje para Israel o domínio dessa reserva de água para as terras circunvizinhas:

A fonte do jardim, poço de água viva que jorra, descendo do Líbano (Ct 4,15).

Isso é tudo que faz do Líbano a mais feliz metáfora de poder vital, da excelência e da beleza. O Templo é na terra esse Lugar de esplendor sem igual, de que Ezequiel profetizou o ressurgimento vivificador (Ez 47).

Acrescentemos a nota de perfume que o Líbano lembra, um registro tão importante no Cântico:

O perfume de tuas roupas é como o perfume do Líbano (Ct 4,11).

Além das madeiras de cedro e de cipreste, as resinas odoríferas, o "líbano" e o "olíbano", designam no hebraico as árvores para incenso, e essa nota conduz o leitor ao mundo do culto e do Templo.

A montanha é o que nos proporciona o maior número de nomes próprios. O Líbano é geologicamente formado por duas cadeias montanhosas paralelas ao litoral. Atualmente, o nome "Líbano" ficou reservado para a cadeia ocidental, enquanto a cadeia oriental, que faz fronteira com a Síria, é denominada "Antilíbano". É desta cadeia oriental que fazem parte os montes Amana, Sanir e Hermon. O Cântico cita três outras montanhas, fora do maciço do Líbano: o Carmelo, Galaad (bis) e Beter.

No retrato da Sulamita, a cabeça dela é comparada ao monte Carmelo:

Tua cabeça se alteia como o Carmelo (Ct 7,6).

Mesmo não muito elevado, (550 metros), o maciço do monte Carmelo, à orla do Mediterrâneo, impressiona os olhos: de um lado, ele se alteia sobre Cesareia Marítima e a baía da cidade de Haifa; do outro, a ampla planície de Esdrelon, também chamada Jesrael. Suas encostas estão recobertas por luxuriante vegetação, e seu nome está ligado aos feitos heroicos de Elias, que ali desafiou os profetas de Baal (1Rs 18,20 s).

Situado a leste do Rio Jordão, o monte Galaad forma um extenso planalto que chega a 1.200 metros. Ele aparece duas vezes na mesma imagem, lembrando um lugar de pastagens verdejantes:

> Teu cabelo, um rebanho de cabras,
> ondulando pelas faldas do Galaad (Ct 4,1; 6,5).

A última montanha, "Beter" (Ct 2,17), é desconhecida dos geógrafos. A etimologia presumida permite ver nela uma montanha "cortada", escarpada ou dentada, à maneira do Monserrat, na Catalunha, o "monte serrado".

Pela alusão às cabras e ao modelo escarpado, pode-se aproximar o nome de "Engadi" aos de Galaad e de Beter:

> Meu amado é para mim um cacho de cipro florido,
> entre as vinhas de Engadi (Ct 1,14).

"Engadi" significa "fonte dos cabritos". Não é um sítio montanhoso, mas um oásis a oeste do Mar Morto, cercado de rochas escarpadas.

Dois nomes próprios, nomes de povoações, mais que de lugares, têm ainda uma relação com as cabras, no início do poema:

> Sou morena, mas formosa, ó filhas de Jerusalém,
> como as tendas de Cedar e os pavilhões de Salma (Ct 1,5).

Por quê? Porque as tribos de Cedar e de Salma, no norte da Arábia, vivem da sua indústria de lonas para tendas, feitas do pelo de cabras pretas. O nome "Salma" é uma conjetura dos exegetas. O texto hebraico, que o grego também segue, traz aqui

"Salomão" e sugere que se entenda "cortinas" em vez de "tendas". Poderiam ser ricas tapeçarias de ornamentação, mas seu tipo "preto" ou sombreado continua não explicado.

Então, aqui estamos nós, junto com as cabras, descendo das montanhas e chegando aos confins do deserto, com Engadi, Cedar e Salma. Quatro nomes próprios de lugares ainda restam: Saron (Ct 2,1), Hesebon, Bat-Rabim (Ct 7,5) e Baal-Hamon (Ct 8,11). Este último, um lugar desconhecido, figura em um dos apêndices finais do Cântico: "Salomão tinha uma vinha em Baal-Hamon". Não vendo aí um topônimo, vários tradutores antigos traduzem como "dominador de multidões, possuidor de riquezas".

O "Saron", "a planície", designa a grande planura que se estende ao longo do mar Mediterrâneo, desde Jafa e o país do Filisteus até o maciço do Carmelo. Planície fértil e florida que é sinônimo de paz e felicidade para a bem-amada:

Sou o narciso de Saron, o lírio dos vales (Ct 2,1).

Hesebon e Bat-Rabim aparecem no fim do retrato da Sulamita, em uma passagem que já vimos e na qual se sucedem cinco nomes próprios:

Teus olhos, como as piscinas de Hesebon, junto às portas de Bat-Rabim.
Teu nariz, como a torre do Líbano, voltada para Damasco.
Tua cabeça, que se alteia como o Carmelo (Ct 7.5-6).

À semelhança do Líbano e de Damasco, esses lugares não fazem parte dos reinos de Judá ou de Israel. A cidade de Hesebon, nomeada quase quarenta vezes na Bíblia, era a capital dos Amorreus (Nm 21,25-28). Após ser conquistada por Josué, foi integrada no domínio da tribo de Rubem (Nm 32,37); depois, passou para a dominação de Moab. Ainda hoje se veem em Tell Hesban, na Jordânia, os reservatórios e as cisternas cavadas na rocha, que ocasionaram a metáfora do poeta. A "porta de Bat-Rabim" é desconhecida, mas diversos pesquisadores identificam esse nome com Rabat-Amon, a capital dos Amonitas, hoje Aman, capital da Jordânia.

Fenícios, Arameus, Palestinos, Amorreus, Amonitas, Moabitas são tantos povos vizinhos de Israel com os quais o conflito não parece jamais ter cessado. Fora Jerusalém, todos os lugares citados pelo poema são periféricos, designando os pontos cardeais, entre os quais se estende o país de Israel, a terra da Aliança. A Norte, o Líbano e seus cumes; a Sul, Engadi, Cedar e o deserto da Arábia; a Leste, Galaad, Hesebon em Moab; a Oeste, o Carmelo e o Saron, a planície dos Filisteus. Todos os vizinhos desse povo, são, portanto, lembrados nessa visão geral, em que as imagens bélicas não faltam. O Cântico, entretanto, é posto sob a autoridade de Salomão, e parece testemunhar um período de paz ideal sob a hegemonia judaica e o cajado do rei, cujo nome significa "pacífico":

> Salomão estendeu seu poder sobre todos os reinos desde o Rio Eufrates até a terra dos Filisteus e à fronteira do Egito. Pagavam-lhe tributo e serviram a Salomão por toda a sua vida (1Rs 5,1).

Os numerosos casamentos de Salomão, dos quais nenhum iguala em prestígio ao casamento com a filha do Faraó, marcam também uma política de alianças e de boa vizinhança. Na nota histórica, podemos perceber a insistência do redator, não sobre o interesse político de seus casamentos, mas sobre "o amor" de Salomão por essas mulheres, apesar das consequências religiosas dessa atitude:

Além da filha do Faraó, o rei Salomão *amou* muitas mulheres estrangeiras: moabitas, amonitas, edomitas, sidônias e heteias, pertencentes às nações das quais Javé dissera aos israelitas: "Vós não entrareis em contato com eles e eles não entrarão em contato convosco, pois, certamente, eles desviariam vossos corações para seus deuses". Mas Salomão se ligou a elas por *amor*; teve setecentas mulheres princesas e trezentas concubinas, e suas mulheres desviaram seu coração (1Rs 11,1-3).

Mas na suposta época da redação do Cântico, tal situação política tinha passado. Pode ser que o autor do poema quisesse somente recordar a reconciliação messiânica anunciada pelos profetas, descrevendo o reino da paz pelo triunfo do amor.

Tentemos retomar agora nosso percurso geral: aonde nos levou nossa pesquisa onomástica, essa recensão de nomes próprios, nomes de pessoas e de lugares?

Sete vezes Salomão, sete vezes Jerusalém, sete vezes o Líbano. Esses três nomes próprios, por si só, representam quase a metade de todos os nomes que aparecem no livro. O Cântico está firmemente centrado.

Centrado primeiramente no nome de um homem, Salomão, figura masculina e real, sem dúvida alguma idealizada, adornada com os atributos que os livros históricos nos descrevem: herdeiro de Davi e das promessas, construtor do Templo, "casa da floresta do Líbano". Como "filho de Davi", ele é uma figura messiânica, o tão esperado "rei da paz", que parece ter contido as nações, os povos vizinhos, ou feito aliança com elas. É o que vemos no exemplo do seu casamento com a filha do Faraó ou ainda sua negociação com o rei de Tiro. Do Líbano, ele tem a excelência, a estatura alta, a soberania.

Mas o Cântico está também centrado no nome de um lugar: Jerusalém. Só uma vez ela é chamada de "Sião", lá onde palpita seu coração secreto, a Morada de Deus, o Templo, que a Bíblia chama às vezes simplesmente de ha makom, "O Lugar". Ora, do mesmo modo como Aquele que é chamado de "O Nome", Deus, não é nomeado no Cântico, assim também acontece com "O Lugar". Mas Jerusalém está presente como refrão – figura feminina, marcada pela alusão às "filhas de Jerusalém" – sete vezes. Como as sete nações de Canaã? Como alusão ao Escolhido para todas as nações, formando seu cortejo? Se Salomão é o ícone do bem-amado, Jerusalém é o ícone da bem-amada, de uma terra bem-amada: duas metáforas especiais às quais retornamos. À bem-amada também se atribui algo de excelência do Líbano: seus olhos nevados, de olhares dominadores, seu nariz, seu perfume, como uma bênção "jorrando do Líbano".

O terceiro nome, o Líbano, como vemos, é como uma passagem entre os dois outros, porque o Templo é obra de Salomão e sua beleza transfigura Jerusalém. Aqui está a Tenda do Encontro, lugar das núpcias:

> Vem do Líbano, noiva minha, vem do Líbano, e faz tua entrada comigo (Ct 4,8).

Aqui, a tradução da BJ (versão francesa) é mais conforme o latim e o grego do que segundo o texto hebraico, o qual diz literalmente: "Comigo do Líbano, ó noiva, comigo do Líbano tu virás".

Do que vimos sobre os nomes, convém agora passar à sua descrição física, às paisagens encarnadas que desfilam diante dos olhos do leitor do Cântico: montanhas, jardins, com uma vegetação variada, com animais e aves. Uma criação se apresenta aos nossos olhos, uma expressão de vida se delineia.

5
O mundo do Cântico
Tema 2

A relação que une os dois amantes é com toda a certeza o tema central do Cântico, objeto de um diálogo incessante; mas essa relação não se dá nunca fora do mundo que os cerca e esse diálogo também não está localizado ou isolado em uma esfera apenas reflexiva, mental. Ao contrário, a natureza que os envolve é a mediação permanente de sua relação: é o quadro, mas também o modelo, a ilustração, como o mostram à vontade os retratos que cada um esboça do outro. A criação é exaltada neste canto de amor segundo uma constante bíblica: jamais os Salmos dizem melhor o louvor de Deus do que chamando a criação inteira, por sua vez, a louvá-lo também. O amor verdadeiro não tem por função separar dos outros, isolar de forma egoísta os que se amam, mas de unir os seres: ele os faz jubilar por estarem no mundo, por coexistirem, por existirem conjuntamente.

Um país, paisagens, mundos encaixáveis

O inventário dos nomes próprios nos deu meios de situar o país do Cântico dos Cânticos, isto é: a terra de Israel em toda a sua extensão, chegando a todas as suas fronteiras.

O desenvolvimento dos poemas no faz apreciar não um mapa geográfico, mas paisagens vivas, climas. Uma grande variedade de paisagens desfila diante de nossos olhos em tão poucas páginas: cada canto tem seu universo próprio e oferece, às vezes, diversos pontos de vista. Somos levados alternadamente para uma campanha de pastagens e vinhedos; para colinas e para o alto de montanhas escarpadas; também para a proximidade e o interior de uma casa, de uma cidade; depois para o deserto; um jardim secreto e luxuriante. Tudo isso parece tão natural que nem prestamos atenção a tudo: tantas vezes a vista cega a visão! Ora, o gênio poético está justamente aí, agindo com simplicidade natural. O Cântico dos Cânticos transfigura um ambiente rural ordinário. Uma das chaves dessa transfiguração se encontra no caráter que existe em cada paisagem: um mundo abriga um outro e este abriga outro, mais interior... O universo do Cântico é um universo encaixável! Nele, as realidades se interpenetram.

O mundo cósmico é mostrado pelo sol, pela luz, pela noite e pela aurora, pela chuva e pelos ventos, pelo ciclo das estações, abrigando um mundo mineral, geológico, de montanhas, colinas, vales, rochas escarpadas, de onde jorram fontes e nascentes. Esses espaços geológicos não estão despidos e vazios, mas revestidos de uma vegetação que se apresenta variada segundo as regiões: florestas, cedros e ciprestes, pastagens, vinhedos e vergéis, macieiras, figueiras, romãzeiras, o verde dos prados enfeitados de "açucenas" – não as açucenas caras de nossas floriculturas, mas aquelas pequenas anêmonas vermelhas, que com os "narcisos" enchem os vales da Palestina na primavera. A vegetação, por sua vez, é o meio ambiente de uma vida animal ainda mais caracterizada por rebanhos de cabras e de ovelhas pelo lado doméstico; gazelas e outros bichos pelo lado selvagem, e brevemente alguns predadores vistos ao longe. No céu, as pombas, nada senão pombas. E depois, no centro dessa vida animal, mais outro mundo, o humano, o homem e a mulher, o casal, um casal em diálogo, possuidor de uma palavra que cria o próprio poema, o canto. Nessa palavra, no coração dessa vida humana, motor de suas relações, uma ausência ou um desejo, uma falta, uma alma, um espaço para Deus, o Amor?

Encontramos aqui uma estrutura do real análoga à que os relatos da criação descrevem, como aquele que abre a Bíblia inteira (Gn 1-2) ou os Salmos de louvor mais desenvolvidos, particularmente o Salmo 104 (103) e o Salmo 148, o cântico dos três jovens, chamado também de "cântico dos benditos" (Dn 3). Tal apresentação pode parecer afastada da liberdade viva do poema. É importante notar que nenhum estágio falta nessa estrutura fecunda, o que confere a essa simplicidade aparente uma densidade, uma profundeza e uma plenitude inigualadas. No Cântico, a leveza da evocação poética – para a qual contribui o caráter alusivo, subentendido, dos usos da palavra, bem afastado de uma distribuição teatral planejada – nunca é uma superficialidade, ao contrário, muitas divagações concorrem para construir um mundo real complexo ao redor das palavras ouvidas. A rapidez das passagens de uma cena para outra, muitas vezes sentidas como bruscas, como rupturas, como incoerência narrativa, é reflexo dessa fragmentação do mundo pessoal de todo ser humano. Mas uma unidade do mundo também é mostrada ao longo do canto, unidade que não é somente formal, causada por efeitos literários, repetições ou ecos, mas que se atém a esse conteúdo realista, constantemente entrevisto, que trama o diálogo. O exemplo do primeiro canto, observado com mais atenção, deverá nos introduzir neste "mundo".

Fusão na natureza

O primeiro canto nos leva a um universo pastoril. Bastam alguns exemplos para que penetremos nele: o sol queima (Ct 1,6), pastores e pastoras procuram a sombra e o descanso na hora do meio-dia para os rebanhos e para eles mesmos (Ct 1,7-8). Bruscamente, o quadro muda e é dada atenção total às faces e ao pescoço da bem-amada (Ct 1,9), os amantes se aproximaram um do outro, deitados, abraçados no verde leito da relva (Ct 1,12-13.16), à sombra dos cedros e dos ciprestes (Ct 1,17). Como efeito desse amor, uma metamorfose se dá e os próprios amantes se transformam em flores, em árvores frutíferas:

> Sou o narciso de Saron, o lírio dos vales,
> Como açucena entre espinhos é minha amada entre as donzelas.
> Macieira entre as árvores do bosque, é meu amado entre os jovens.
> À sua sombra eu quis assentar-me, com seu doce fruto na boca (Ct 2,1-3).

Será que alguma vez se expressou melhor a felicidade da fusão que acontece no prazer amoroso? Sejamos precisos, para evitar que se sobreponham conotações psicanalíticas sobre um vocabulário poético. Não se trata de uma fusão de um no outro, dos dois em um só – o lírio não é a macieira!, trata-se desse sentimento feliz de estar em perfeita simbiose e harmonia com a natureza que os cerca. Cada um recebe do outro, e pelo outro, essa felicidade. Desse desabrochar, as flores nos oferecem uma imagem sem igual. "Narciso" e "lírio" na planície de Saron? Pensemos em nossos prados cobertos de narcisos e margaridas, na explosão rosa das flores da macieira, na profusão inaudita de brancura das cerejeiras quando vem a primavera. Esse desabrochar não é todo o amor humano, mas é uma experiência incomparável, uma experiência "espiritual" incomparável.

O canto da vinha

Em meio a essa cena pastoril vem outro canto, o da vinha. Desde os primeiros versos, percebemos que aquele país é uma terra de vinhas, "vinhas" que são "guardadas" – o motivo é repetido –, ou seja, são vinhas de grande preço! Uma dissonância é de imediato reconhecida:

> Os filhos de minha mãe se voltaram contra mim,
> fazendo-me guardar as vinhas.
> E minha vinha, a minha [...] eu não a pude guardar (Ct 1,6).

Compreendemos de que se trata. Na imagem, a vinha é nessa mulher um território íntimo, capaz de produzir fruto. Também aqui é a natureza, o mundo vegetal, que exprime melhor uma realidade profundamente humana.

Quando o motivo da vinha volta no fim do primeiro canto, com a despensa (a "adega") e os "bolos de passas" (Ct 2,4-5), uma segunda dissonância, diferente, se percebe: a bem-amada diz agora que está "doente de amor", e pede ajuda, "sustentai-me [...] dai-me forças". De que embriaguez se trata?

Vem então à memória o canto, bem curto, mas tão célebre em Israel, a lamentação do amor decepcionado:

> Cantarei ao meu amado
> o cântico do meu amigo para a sua vinha.
> Meu amado tinha uma vinha, em uma encosta fértil.
> Ele cavou, removeu as pedras
> e plantou nela uma vinha de uvas seletas.

No meio dela, construiu uma torre e cavou um lagar.
Com isso, esperava que ela produzisse uvas boas,
mas ela só produziu uvas azedas (Is 5,1-2).

O profeta Isaías compara o povo de Israel a uma vinha, objeto de cuidados atenciosos por parte do Senhor; porém, trata-se de uma vinha decepcionante, pois o povo não produziu senão frutos imprestáveis. A menção repetida no começo desse canto de "meu bem-amado", *dôdi*, palavra muito rara da Bíblia fora do Cântico, não deixou de chamar a atenção dos exegetas do livro. Ora, no Cântico a vinha está justamente "em flor" (Ct 2,13; 7,13) e as pequenas raposas rondam por ali perto das vinhas floridas (Ct 2,15). As promessas serão cumpridas? Há dúvidas quanto a isso, pois no segundo canto a imagem das figueiras e seus primeiros frutos se sobrepõe à da vinha em flor. Os botânicos de sempre, e São Gregório de Nissa com eles, sublinharam a ambiguidade dessa imagem. De fato, muitas vezes esses "primeiros frutos" não valem quase nada, e a primeira produção da figueira no começo do verão não se compara com a segunda, nem em quantidade nem em qualidade! Jesus também fala de figueiras que decepcionam (Mc 11,12s; Lc 13,6s). O fim do quinto canto, contudo, põe na boca da bem-amada palavras que podem ser lidas com um raio de esperança, um canto de redenção para essa vinha, que não tinha sido "guardada" inicialmente:

> Madruguemos pelas vinhas, vejamos se a vinha floresce,
> se os botões se abrem, e se as romãzeiras florescem:
> lá te darei o meu amor [...]
> As mandrágoras exalam seu perfume;
> à nossa porta há de todos os frutos: frutos novos, frutos secos,
> que eu tinha reservado, meu amado, para ti (Ct 7,13-14).

Todas as frutas, tanto essas últimas como as primeiras, foram cuidadosamente guardadas "para ti, meu amado". O verbo "reservar, esconder", empregado aqui é mais raro e mais intencional do que "guardar". No amor, a gente não guarda um bem senão "para" alguém, um amor recebido não se guarda para si mesmo como se guardaria egoisticamente um tesouro pessoal. Assim, a decepção inicial foi superada.

O jardim fechado

Um elemento bem notável entre as paisagens do Cântico desenvolve de maneira original o duplo tema da fusão e do domínio reservado: trata-se do "jardim", cuja metáfora é desenvolvida no fim do terceiro canto.

Como a vinha, o jardim é um elemento cultural em nossas paisagens. Não é uma simples pastagem, nem o bosque, o prado ou um vale. As paisagens do Cântico misturam elementos que se considerariam puramente naturais e elementos transformados pela mão humana, como são as construções, os edifícios e também as vinhas ou o "jardim". A palavra *gan*, "jardim", só aparece depois das núpcias, dez vezes em todo o livro: é sobretudo o *leitmotiv* do fim do terceiro canto, voltando seis vezes em seis versículos (Ct 4,12-5,1) como um eco que se enfraquece ao se afastar (Ct 6,2 bis; 6,11; 8,13). Na sequência principal do tema, com o "duplo do jardim", encontra-se igualmente uma palavra de significado semelhante, muito rara na Bíblia hebraica e longamente comentada pelos rabinos: *pardes* (Ct 4,13). Essa palavra vinda do persa designa um parque ou um pomar exuberante e, transcrita para o grego, foi reproduzida como *paradeisos*, palavra que, por sua vez, designa na LXX [Septuaginta/Setenta] o "jardim" do Éden (Gn 2-3), e dela fizemos a palavra "paraíso". No Cântico, a raridade de uma palavra indica às vezes o caráter precioso do que ela significa, como vimos no início para o uso do Nome divino e também para "Sião", nomeada só uma vez no meio de sete menções de Jerusalém. Sendo assim, esse "jardim" é um lugar precioso entre todos.

Na dualidade do jardim se realiza a consumação das núpcias entre o bem-amado e a bem-amada, uma das passagens mais extraordinárias do Cântico. Que se queira interpretá-lo no plano natural ou no plano místico, pouco importa aqui. As imagens falam por si mesmas. Vale apreciar integralmente o canto:

[És] Jardim bem fechado, minha irmã, minha noiva,
és jardim fechado, uma fonte lacrada.
Teus brotos são pomar de romã,
com frutos preciosos,
cachos de hena com nardos; nardo e açafrão,
canela, cinamomo,
e árvores todas de incenso, mirra e aloés, e os mais finos perfumes.
A fonte do jardim é poço de água viva, que jorra descendo do Líbano!
– Desperta, vento norte, aproxima-te, vento sul,
Soprai no meu jardim para espalhar seus perfumes!
Que entre o meu amado em seu jardim
e coma de seus frutos saborosos!
– Já vim ao meu jardim, minha irmã, noiva minha,
colhi minha mirra e meu bálsamo,
comi meu favo de mel,
bebi meu vinho e meu leite.
Comei e bebei, companheiros,
embriagai-vos, meus caros amigos! (Ct 4,12-5,1).

O bem-amado usa e repete primeiro uma metáfora: "[tu és ou ela é] um jardim bem fechado". Essa clausura, propriamente um cadeado, é reafirmada pela imagem da fonte "lacrada" (v. 12). Mas, *ao contrário*, a fluidez que a "fonte" expressa é amplificada por outra, aérea, a dos muitos perfumes, fluido entre fluidos. Mas como perfumes seriam presos com ferrolhos? Os elementos se interpenetram, fundem-se: esse jardim, que é *terra*, é descrito como *água*, água da fonte, do poço, do manancial (v. 12.15) e como *ar*, uma respiração embalsamada, carregada de perfumes, levada pelo sopro dos ventos, ventos do norte e do sul (v. 14.16).

Por suas palavras, a bem-amada livremente abre a passagem, entrega-se. "Meu" jardim se torna "seu" jardim, o do bem-amado: "que entre meu bem-amado em seu jardim!". E ele toma "posse" imediatamente: "eu entro no meu jardim". Desse modo, os possessivos se multiplicam: meu jardim, minha irmã, minha mirra, meu bálsamo, meu mel, meu favo, meu vinho, meu leite. No hebraico, esse possessivo da primeira pessoa é um sufixo que cria uma rima de som [i], que pelo seu uso preciso e contínuo gera um tipo de êxtase. No plano das imagens, a fluidez do jardim retoma consistência, o olfato é substituído pelo paladar, pelo beber e comer. A palavra "fruição", um tanto rara, expressaria isso muito bem, por apresentar parentesco etimológico com as palavras "fruto" e "delícia", das quais "fruição" é sinônimo: "[...] que ele saboreie os frutos deliciosos!"

Nesse êxtase amoroso do jardim fechado e livremente aberto há uma espécie de paraíso reencontrado. O contrário do fruto proibido que ocupou tanto lugar na retórica cristã ao longo dos séculos. Voltaremos a falar disso a seu momento. Por ora, observemos somente a fusão expressa nessa troca, fusão nos elementos naturais que, entretanto, partia de uma situação de total reserva, de clausura, de fechamento. O que permitiu passar de uma situação a outra? A palavra! Uma palavra que ultrapassou o simples consentimento, tornando-se convite explícito: "Que entre o meu amado em seu jardim!". Em sua dimensão física, o amor humano não conseguiria prescindir da palavra, de uma palavra como essa, palavra de verdadeira liberdade.

A fauna

O fenômeno da união dos bem-amados na natureza vegetal circundante vale igualmente para a simbiose que é descrita entre os amantes e a fauna do ambiente.

A evocação dos rebanhos de cabras e de ovelhas que se encontra em cada um dos cinco cantos (Ct 1,7-8; 2,16; 4,1-2; 6,2-3; 6,5-6) é frequentemente objeto de uma repetição que se segue. Assim, por duas vezes uma mesma descrição identifica a bem-amada com esses rebanhos familiares:

> Teu cabelo... um rebanho de cabras,
> Ondulando pelas faldas do Galaad.
> Teus dentes... um rebanho tosquiado
> Subindo após o banho (Ct 4,1-2; repetido em 6,5-6).

Um contracanto se faz ouvir igualmente nos cinco cantos por uma imagem que constitui um segundo refrão: das "gazelas", das "corças" e de seus filhotes (Ct 2,7.9; 2,17; 3,5; 4,5; 7,4; 8,14). Funciona como a dupla selvagem e furtiva dos animais domésticos. E a identificação calha perfeitamente. Para o bem-amado, é o caráter rápido e fugidio de suas aparições e desaparecimentos que dão motivo à comparação:

> A voz do meu amado! Vejam: vem correndo pelos montes,
> saltitando nas colinas!

Como um gamo é meu amado…
um filhote de gazela (Ct 2,8-9; repetido em 2,17 e 8,14).

Para a bem-amada é, pelo contrário, a doçura, a ternura pacífica de uma clareira entrevista:

Teus seios são dois filhotes, filhos gêmeos de gazela,
pastando entre açucenas (Ct 4,5; repetido em 7,4).

Esse fenômeno é ainda mais perceptível porque a fauna do Cântico é bastante restrita. Fora essa dupla família de ovinos e caprinos de um lado, e dos cervídeos do outro, o Cântico nos mostra pouquíssimos outros mamíferos: uma "égua", atrelada à carruagem, como vimos (Ct 1,9), e, mais ameaçadores, mas também mais ao distante, raposas (Ct 2,15), "leões […] leopardos" (Ct 4,8).

Nenhum inseto, nenhum réptil, nenhuma serpente pode ser encontrado nesse paraíso do Cântico. Mas algumas aves…

Mais arisco ainda que a gazela é o pássaro. Vê-se quase só um, de fato, e sempre o mesmo, insistentemente: a "pomba" (Ct 1,15; 2,14; 4,1; 5,2; 5,12; 6.9). Além dessa pomba, presente em todos os cantos, dela só nos é dado ouvir sua voz, o arrulho de "rola" (Ct 2,12), como uma imagem cinzenta da pomba. Pode-se também observar, de passagem, os cabelos do bem-amado "negros" como o "corvo" (Ct 5,11). Com esses dois toques contrastantes não se poderia exaltar melhor o branco da pomba.

Por que a pomba? A imagem dela aparece em poesias profanas do Antigo Oriente Próximo, como imagem amorosa de inocência, de pureza. No mundo bíblico, a pomba é o povo de Israel, o Eleito (Os 7,11; 11,11; Sl 74 [73],19). A pomba, sozinha, povoa, então, o céu dessa terra. Um dos primeiros relatos bíblicos, e o mais conhecido, que dá à pomba um papel singular entre todos os animais é o do dilúvio: a pomba anuncia a salvação, a terra firme reaparecida (Gn 8,8-12). Assim, o povo de Israel é o precursor das nações, aquele que abre o caminho, que reconhece a salvação prestes a vir: "Uma só é minha pomba" (Ct 6,9).

No Cântico, a pomba designa quase sempre a bem-amada e duas vezes os olhos dela (Ct 1,15; 4,1), esses olhos são o ponto mais luminoso em todo o corpo humano e também é neles que há um reflexo. O que refletem os olhos da bem-amada? Evidentemente refletem os olhos do bem-amado, os quais, por sua vez, "são pombas" (Ct 5,12). Admirável espelho fugidio e livre são os olhos apaixonados! Os poemas ou os filmes nunca deixaram de os focar, de os fazer falar.

A identificação dos bem-amados com a vegetação que os cerca e que o poeta exalta é duplicada por uma identificação animal, que busca seus objetos nos registros doméstico e selvagem, permanente e transitório, aquilo que está em repouso ou em fuga. Rebanhos, gazelas e pombas nos fazem ver o amor dos bem-amados em movimento, em ação.

Depois do vegetal e do animal, resta-nos descobrir o que nos diz dos bem-amados e de seu amor o último registro do mundo, o menos natural, aquele sobre o qual a mão humana põe fatalmente sua marca, de forma bem mais forte ainda do que na vinha ou em um jardim: o habitat propriamente humano, a casa.

A fechadura e a chave

O que nos dizem as construções que aparecem no Cântico: a cidade e suas muralhas, as casas, os "aposentos", os quartos, além das habitações mais precárias como as tendas de pastores ou as mais insólitas e temporárias como a liteira, o palanquim de núpcias?

Em poucas palavras, diremos primeiro até onde nos conduz essa busca. Um único fio condutor parece percorrer o Cântico: entrar, ouvir, encontrar a chave. Mas não vamos aplicar precipitadamente uma simples interpretação anatômica sobre essa imagem que forma a dupla chave/fechadura, pois seria reduzir demais a riqueza desse tema. Com efeito, desde o início o prólogo nos previne e nos mostra a interioridade como um atributo e uma propriedade do rei, e não apenas da bem-amada:

O rei levou-me a seus aposentos (Ct 1,4).

Essa palavra "aposentos" não é banal; ela designa um lugar retirado, totalmente privado: André Chouraqui traduz "o rei me fez vir a seus interiores", e o grego traduziu a palavra hebraica *héder* por *tamieion*, a parte da casa onde fica guardado o tesouro, a fortuna do ocupante. Ora, aqui se trata de um rei! Cada parceiro de um casal é dotado de uma interioridade, de uma fechadura e de uma chave: o tesouro real da liberdade inalienável.

Enquanto o primeiro e o último canto do poema se desenvolvem em plena natureza – no início, em um movimento de tendas transportadas pelos pastores, de acordo com o ritmo dos rebanhos; depois, na paz real de um jardim paradisíaco –, o segundo e o quarto cantos se fazem ouvir da casa da bem-amada, em seu quarto. Nesses dois cantos e nos apêndices finais, o ambiente é o de uma cidade na qual os "guardas" fazem a ronda (Ct 3,2; 5,7), vigiada, munida de "portas" (Ct 7,5; 8,9) e de "muralhas" (Ct 5,7; 8,9). Observamos que essa presença da "guarda" volta mais vezes no Cântico, sob diversas figuras. Mesmo a liteira de Salomão, seu transporte particular, no momento das núpcias é dotado de uma guarda próxima, "a elite seleta de Israel" (Ct 3,7), quer dizer, seus guerreiros mais valentes. A leitura dos Padres da Igreja reconhecerá aí um ponto essencial do percurso do desejo: a guarda do coração, sem a qual não há progresso espiritual. Vinha, cidade, jardim, casa, não estão abertos a todo vento, mas cuidadosamente fechados, guardados e até mesmo trancados para não estarem abertos e descobertos senão para quem é chamado.

Da casa, o segundo canto nos ajuda a fazer uma aproximação muito sugestiva pelas imagens do muro, da janela e do muxarabi, exprimindo muito bem a porosidade desse espaço:

> Ei-lo postando-se atrás da nossa parede,
> espiando pelas grades, espreitando na janela (Ct 2,9).

O quarto canto levará ao paroxismo essa exploração dentro do quarto e junto ao leito pela imagem da "fresta" da porta, da "maçaneta da fechadura", dois elementos portadores de uma carga erótica que não escapa a ninguém:

> Meu amado põe a mão na fenda da porta,
> as entranhas me estremecem.
> Ponho-me de pé para abrir ao meu amado:
> Minhas mãos gotejam mirra, meus dedos são mirra escorrendo na maçaneta da fechadura (Ct 5,4-5).

Essa descrição da porta do quarto leva o leitor ao lugar mais íntimo, e é o próprio corpo dos amantes que vemos. Assim, a analogia já percebida entre as paisagens, o mundo circundante e a situação existencial dos bem-amados ainda estão em ação quando o poeta descreve os espaços construídos desse mundo. Do mesmo modo como os bem-amados se tornaram narcisos, açucenas e macieiras, vinha e jardim, gazela e pomba, é algo deles mesmos que está em jogo na janela e na porta, nessa grade que abre e fecha a casa, e na fresta ou na maçaneta.

Chegando a este ponto da exploração dos espaços do Cântico, não podemos deixar de estender para mais longe nosso olhar no que se refere ao "corpo", o corpo humano, físico dos bem-amados. A última metáfora que vimos nos forneceu uma chave indispensável da antropologia bíblica: o próprio corpo é uma porta, ele é o que permite à interioridade humana não ser prisioneira. O corpo humano não é um objeto do mundo das coisas, ou uma casa de madeira especial. Ele é uma respiração, uma porosidade, um lugar de contato, de partilha, de troca, o vetor do amor.

6
O corpo e seus sentidos
Tema 3

O corpo é mais que o corpo. Seja qual for a complexidade sempre mais fina que a biologia contemporânea não para de descobrir, o corpo humano é bem mais do que a ciência médica constata. Ora, mesmo que estejamos na defensiva, continuamos sendo herdeiros de um dualismo cartesiano, de uma visão mecanicista do corpo: o corpo-máquina sob as ordens de uma alma imaterial. Trata-se de uma visão persistente, pois permite um controle imaginário sobre os vivos. Se hoje em dia nenhum filósofo ou cientista subscreve tal concepção, ela continua, no entanto, vigorosa. O Cântico dos Cânticos esfacela essa concepção. Vale a pena trazer à memória um adágio aristotélico citado por Santo Tomás de Aquino: nihil in *intellectu quod non prius sit in sensu*, "nada há no intelecto que não tenha estado antes nos sentidos", ou seja, toda inteligência, toda compreensão do mundo passa primeiro pelo exercício dos sentidos e, portanto, pelo corpo. É por isso que a criança acorda para o mundo abrindo os olhos, os ouvidos, aspirando, saboreando, tocando sem parar. Mas aqui não se trata da infância. O que então desperta na adolescência, na idade adulta e até o fim da vida? É o amor que desperta sem amarras, e o corpo é também aqui o vetor desse despertar.

Expressando a simbiose dos bem-amados no mundo, o poeta do Cântico apela a todo momento a nossos cinco sentidos, porque eles são a permeabilidade do nosso corpo, aquilo que nos abre à realidade exterior: a visão, a audição, o olfato, o paladar, o tato. Não vejo nenhum outro escrito bíblico que apele de forma tão ampla e intensa a esse registro da percepção sensível, das sensações. Aliás, o Cântico vai nos obrigar a ir mais longe, a falar dessa ponta extrema da sensibilidade que, com ou sem razão, chamamos de "sensualidade". Assim, mais outra dimensão relacional entra efetivamente em cena: a sexualidade.

O corpo como majestade: a dinâmica dos retratos

Os retratos do Cântico são surpreendentes. Seriam exercícios de estilo de uma época que passou? Depois de ter sido durante séculos o objeto privilegiado na pintura, o retrato se tornou ofício do fotógrafo, amador ou profissional, e a gente não se arrisca mais, só por meio de linguagem, a descrever o corpo, sobretudo o corpo do outro, porque é difícil e exige muitas habilidades. As comparações nos desorientam e, certos elementos, parecem grotescos quando tomados isoladamente, fazem rir: os "dentes" como ovelhas gêmeas saindo do banho (Ct 4,2; 6,6)! Um "nariz" como "sentinela voltada para Damasco" (Ct 7,5)! Isso é realmente sedutor? As "faces" como "metades de romãs" (Ct 4,3; 6,7) não nos fazem pensar nos retratos fantásticos de Arcimboldo, compondo figuras com frutas e legumes do jardim, rostos que não incitariam o amor?

Uma visão geral sobre cada uma das partes de seu rosto e do seu corpo pode parecer artificial, e a leitura alegórica que os comentadores dos primeiros séculos do cristianismo ou da Idade

Média fazem disso, por rica que seja, não tem muito significado, a não ser para os patrólogos. Vimos que o conteúdo dessas metáforas era buscado no ambiente vegetal, animal e mesmo arquitetônico dos dois amantes. Antes de analisar a estrutura e a progressão interna de cada retrato, é necessário observar o movimento geral que traz essas descrições e o tom característico em cada caso, que está longe de ser uniforme.

Considerando os cinco cantos do Cântico, vamos começar percebendo o caráter inteiramente assimétrico dos retratos: há no livro apenas um retrato do bem-amado, no quarto canto (Ct 5,10-16), enquanto há três da bem-amada, no terceiro e no quinto cantos (Ct 4,1-5; 6,4-7; 7,2-10). A descrição de cada um desses três retratos da bem-amada é endereçada a ela mesma, à segunda pessoa, enquanto o único retrato do bem-amado é descrito na ausência dele, para uma terceira pessoa, como resposta à interrogação das filhas de Jerusalém (Ct 5,9). Isso significa muito. Uma coisa é dizer à pessoa amada "Como tu és bela, como és bela!" (Ct 4,1; 6,4; 7,7) e detalhar em seguida "teus olhos [...] teus cabelos [...] teus lábios [...]"; e outra coisa é descrever o amado a terceiros que perguntaram sobre ele: "Meu bem-amado é branco e rosado [...] sua cabeça [...] seus olhos [...] suas mãos [...]; assim é meu bem-amado, ó filhas de Jerusalém!". Assim como entre uma oração e um tratado de teologia, a presença da pessoa mencionada faz toda a diferença entre um canto de amor e uma ficha de informações. A profunda assimetria dos retratos manifesta mais uma vez a condição bem diferente dos dois parceiros, como compreenderam sempre os rabinos no judaísmo e os Padres da Igreja: o Senhor, o Bem-amado divino, revela à sua bem-amada toda a beleza dela, face-a-face, com entusiasmo, enquanto a bem-amada não sabe falar de seu

Amado senão de longe, na ausência dele, esboçando alguns traços daquele que sempre lhe escapa, tentando testemunhar a beleza dele.

O primeiro retrato feito pelo bem-amado manifesta uma exaltação clara pela inesperada *derrapagem* que acontece entre os versos 5 e 6 do capítulo 4: a descrição bruscamente se afasta de seu objeto, como se a "gazela", evocada por meio de uma metáfora no verso 5, se pusesse a saltar "sobre as montanhas, sobre as colinas" (Ct 4,6; cf. 2,8). Depois, o retrato retoma, como tinha começado, "és toda bela", concentrando-se de novo nos olhos da bem-amada, em seu pescoço (Ct 4,9), mas reconhecendo: "Roubaste meu coração".

> Como és bela, minha amada, como és bela!
> Teus olhos [...] teus cabelos [...] teus dentes [...]
> teus lábios [...] tuas faces [...] teu pescoço [...] [v. 1 a 4].
> Teus seios são filhotes, filhos gêmeos de gazela,
> pastando entre açucenas.
> Antes que sopre a brisa e as sombras se desbandem,
> vou ao monte da mirra, à colina do incenso.
> És toda bela, minha amada, e não tens um só defeito!
> Vem do Líbano, noiva minha, vem do Líbano, e faz tua entrada comigo.
> Roubaste meu coração, minha irmã, noiva minha,
> roubaste meu coração com um só dos teus olhares,
> uma volta dos colares.
> Que belos são teus amores,
> minha irmã, noiva minha [...] (Ct 4,1... 5-10).

A galanteria clássica teria falado de um "deslocamento" apaixonado que toma conta do bem-amado: levado pelo entusiasmo, ele alça voo! Semelhante enlevo se pode ler no fim do retrato da Sulamita entoado pelo coro, quando bruscamente o bem-amado se junta a ele e exclama:

> Como és bela, quão formosa, que amor delicioso!
> Tens o talhe da palmeira, e teus seios são os cachos.
> Pensei: Subirei à palmeira para colher dos seus frutos (Ct 7,7-9).

Diante desse entusiasmo do bem-amado, o único retrato que a bem-amada faz, interrogada pelas filhas de Jerusalém, resulta como uma descrição muito mais estática. Pode-se notar que aí, e somente aí, as metáforas não desenvolvem tão amplamente o registro natural costumeiro, os elementos animados da criação. Elas remetem mais à "Casa da floresta do Líbano", o Templo. Assim, as "palmas" e os perfumes podem lembrar a liturgia (Ct 5,11.13), mas sobretudo se vê que no fim brilha o ouro, já presente na primeira linha, "sua cabeça é de ouro puro", e brilham os materiais preciosos das peças dos ourives:

> Seus braços são torneados em ouro incrustado com pedras de Társis.
> Seu ventre é bloco de marfim cravejado com safiras.
> Suas pernas, colunas de mármore firmadas em bases de ouro puro.
> Seu aspecto é o do Líbano altaneiro, como um cedro (Ct 5,14-15).

O movimento da descrição é notável: à maneira do *travelling* de uma câmera, ele é regularmente descendente, indo por degraus, da cabeça aos pés, induzindo no espectador uma prostração, conforme a atitude que se requer no Templo. O retrato termina, entretanto, com um elemento inesperado: *hiko*, "sua garganta" (v. 16). De que se trata? Por que esse brusco recuo, esse "retorno para cima"? A palavra *hek*, "garganta", é usada três vezes no Cântico, e os tradutores gregos traduzem por *pharynks* ou *larynks*, quer dizer, o órgão da voz, da palavra, aquilo que, vindo do corpo do outro, manifesta-se mesmo para os olhos baixos, para quem está prostrado perante uma pessoa. O texto bíblico explicita a metáfora:

> Seus discursos são muito doces [...] Ele é todo delícia!
> Assim é meu amigo, assim o meu amado, ó filhas de Jerusalém (Ct 5,16).

O Bem-amado fala, e sua palavra é a própria graça. Mas "discursos", devemos reconhecer, não é uma palavra relacionada ao corpo. Uma dupla acepção da palavra "garganta" é bem clara no texto hebraico, como aliás também no livro de Jó e no dos Provérbios, pois em Cânticos 2,3.7,10, os dois outros lugares em que a palavra ocorre, trata-se de vinho para beber, de uma fruta para comer, de uma doçura que desce pela "garganta". Para nós, é um outro registro. Para um semita, porém, a palavra é alguma coisa que se come, que se degusta, que desliza ou que rala, flexível ou "difícil de engolir", elixir ou veneno. O corpo fala de muitas maneiras, e a palavra só surge de um corpo vivo.

Os retratos da bem-amada são apresentados em um *travelling* semelhante? Os dois primeiros retratos se restringem à cabeça e ao busto, quiçá por causa de uma reserva; mas o terceiro, o da Sulamita, que parece ser cantado pelo coro que a observa dançando, faz um *travelling* inverso, ascendente e completo, a partir dos pés em movimento: "Pés [...] flancos [...] umbigo [...] ventre [...] seios [...] pescoço [...] olhos [...] nariz [...] cabeça [...] tranças [...] um rei está preso aos anéis de seus cabelos!" Esse rei intervém logo, trata-se da metáfora audaciosa e apaixonada já citada, sobre a palmeira e seus cachos (Ct 7,7-9).

Os corpos são mostrados não como um esboço estandardizado que os trataria de maneira idêntica, mas em uma dinâmica assimétrica, totalmente personalizada. Nesses retratos, a preeminência do que nos é mostrado, conforme a experiência ordinária e no gênero do "retrato", não deve esconder a riqueza daquilo que faz apelo aos outros sentidos.

O corpo atento: os sentidos

Como sabemos, o Cântico não tem mais que cento e quinze versos, mas nesse espaço restrito, nesse reduzido número de palavras, o poeta recorre a mais de cem notações sensíveis, sensitivas, sensoriais. Assim, em seu próprio corpo o leitor é constantemente solicitado no nível dos sentidos. Esse registro dos sentidos é uma espécie de assinatura do Cântico.

O poeta François Cheng, que nasceu na China e era francês de língua e de coração, com seu gênio incomparável explica que os chineses prestam atenção particular aos monossílabos que carregados de uma força inigualável no idioma deles, muitas vezes polissêmico, e expressa seu amor pelo monossílabo *"sens"* [sentidos] no idioma francês. *"Sens"* designa ao mesmo tempo três coisas totalmente distintas, pertencendo a mundos muito diferentes: a sensação (os cinco sentidos), a direção (o sentido em que vai uma rua, o sentido proibido, o bom e o mau sentido) e enfim a significação (o sentido de uma palavra). O Cântico não nos introduz em um mundo de sensações insensatas ou insignificantes. Muito pelo contrário: as sensações têm um poder revelador.

Aqui se dá exatamente a mesma coisa que na conhecida cena da unção em Betânia, a unção de Jesus, o Cristo, literalmente "o Ungido". A cena é particularmente forte nos textos de Marcos e de João (Mc 14,3-9; Jo 12,1-8). Uma inegável sensualidade se mostra no gesto da mulher que enxuga com seus cabelos os pés ungidos de Jesus (Jo 12,3). O perfume derramado com surpreendente insistência e prodigalidade passa aos olhos dos discípulos por um gesto insano, um disparate, "teria sido melhor vendê-lo e dar o dinheiro aos pobres". Mas Jesus lhes explica a significação do gesto, declarando primeiro: "Ela praticou uma bela ação!" (Mc 14,6). A palavra "bela" é muito rara na boca de Jesus e seu uso chama nossa atenção, especialmente porque ele prediz com solenidade que sempre e em toda parte esse gesto será lembrado quando o Evangelho for proclamado. O perfume se espalhou, desfeito em pura perda, pois é da natureza do perfume não poder ser retido: o perfume, volátil, é o contrário dos "trezentos denários", algo que é avaramente contado e mantido na bolsa dos discípulos. O perfume se difunde inevitavelmente. Ora, quando o Filho de Deus está se entregando por nós em um gesto que é desproporcionalmente gratuito e insensato, existe algum gesto que seja mais justo, mais sensato, do que a pura oferta gratuita que é simplesmente "dar graças"? Já não nos resta outra linguagem senão a da ação de graças, da eucaristia, cujo sentido, etimologicamente, é justamente "ação de graça": todo gasto razoável e calculado vai continuar miseravelmente insignificante diante do dom inestimável do amor divino manifestado em Jesus.

A surpresa escandalizada de certos leitores de encontrar na Bíblia esse texto do Cântico une-se à cena de Betânia na véspera da Paixão. Pode-se compreender o que esse gesto faz nas Escrituras? Como é possível se aproximar da graça, da beleza e da felicidade incrível do Deus que se revela a nós, desse Deus que é Amor? O relato das sensações experimentadas pelos bem-amados do Cântico é continuamente escandido pelo refrão de uma apreciação positiva que afirma seu caráter bem-fundado, o bom caminho fundamental: "Belo, bela, bom, bem", com algumas variantes vindas do texto hebraico ou dos tradutores: "delicioso, amável, charmoso [...]" No Gênesis, o relato da criação estava igualmente pontuado por esse refrão: "E Deus viu que isso era bom" (Gn 1-2).

Em um breve estudo como este, é impossível referir em detalhes toda a profusão sensorial que se mostra ao longo do texto, do começo ao fim. Mas gostaríamos de destacar alguns traços marcantes referentes a diversos sentidos, começando pelo ouvido, naturalmente, pois o Cântico é antes de tudo um canto – e nada vem até nós além dessas palavras que os bem-amados dirigem um ao outro.

A audição, sentido primordial

Poucos leitores poderão saborear diretamente a poesia sonora do Cântico na língua hebraica. Cada língua tem sua musicalidade própria e, quando possível, os tradutores têm procurado transmitir essa música. O poeta apela para nosso ouvido de modo contínuo, pelo fato de todo o livro ser feito só de palavras dirigidas ao ouvinte por uma mulher, por um homem, por um coro. Nessa troca, a variação de tom é extrema, as interrogações são inúmeras, assim como as exclamações; desse modo, passamos da angústia à serenidade ou ao êxtase, do maravilhamento à confusão, da confidência à condenação solene. Os "Eus" que falam não são nem monocórdios nem intercambiáveis. Esse poema está feito para ser falado, cantado, ouvido, de modo que a vibração atinja o ouvinte.

Para tomar consciência disso, basta pensar no papel eminente do intérprete quando se trata de música e, já que aqui se trata de um "canto", pensemos nos cantores e nas cantoras cuja notoriedade toma hoje tão grande lugar na mídia. Um *"Je t'aime"* [eu te amo] ou um *"I love you"* não soa em nossos ouvidos da mesma maneira se é cantado por Edith Piaf, Celine Dion, Johnny Hallyday, os Moody Blues ou Francis Cabrel.

E o que dizer dos silêncios a guardar? Os que dependem do cantor ou do leitor; silêncios entre dois cantos, entre duas partes, entre dois componentes de uma mesma frase, entre duas palavras, sem o qual talvez o essencial se perca:

> Eu sou do meu amado, e meu amado é meu,
> o pastor das açucenas (Ct 6,3).

A audição é um sentido primordial que se exerce já no ventre materno; é especialmente no silêncio, na ausência de outros sons, que a escuta começa. Como receptor da palavra, a audição tem uma conexão mais direta com o intelecto que todos os outros sentidos, pois os gritos e outros ruídos são sinais. Na exploração do corpo que vínhamos fazendo, o segundo canto do Cântico distingue-se claramente de todos os outros por conter poucas descrições corporais. Mas é justamente o que traz o maior número de registros auditivos, evocando os amantes na espreita, em alerta, reconhecendo os sinais da primavera. O registro auditivo abre o canto: "A voz do meu amado […] fala o meu amado, e me diz […] o inverno já passou, o canto da rola está sendo ouvido em nosso campo […] deixa-me ouvir a tua voz, é tão doce a tua voz […]" O tema do apelo aqui desenvolvido é tipicamente alusão ao sentido da audição. Na segunda parte do canto, a mais seca de todo o livro quanto a alusões sensoriais, a bem-amada fala da ausência, da busca, da confusão de sua procura: nada mais resta senão essa voz que nos fala, um desejo vazio, testemunha de uma ausência.

Uma visão de luz

Por causa do grande número de imagens que são mostradas ao longo do poema, o sentido da visão é constantemente solicitado. Mas vale a pena perceber o papel específico e determinante que aí exercem a luz e algumas cores. Tomamos como exemplo as observações sobre o rosto da bem-amada. Ela diz no início que é "morena", "bronzeada". Ora, essa cor é um efeito da luz: "Foi o sol que me queimou" (Ct 1,6).

As sombras nunca são mais densas, os contrastes nunca são mais fortes do que nos países de muito sol, enquanto as regiões brumosas são reinos das nuances cinzentas. Logo vemos brilhar no rosto o branco dos olhos, "Teus olhos são pombas" (Ct 1,15; 4,1), os olhos dos amantes nos quais o olhar se fixa tantas vezes, olhos que se tornam sempre mais iluminados, penetrantes: "afasta de mim teus olhos, pois teus olhos me perturbam" (Ct 6,5). Os dentes também são brancos, como ovelhas prestes a serem tosquiadas (Ct 4,2; 6,6) e o pescoço é como uma torre de "marfim" (Ct 7,5). Se a bem-amada ficou no fim "toda branca", no texto grego (Ct 8,5) isso evoca a imagem paralela já vista:

> Quem é essa que sobe *toda branca*,
> apoiada em seu bem-amado? (Ct 8,5, grego).
> Quem é essa que desponta como a aurora,
> bela como a lua [lit. a "branca"], fulgurante como o sol? (Ct 6,10).

A brancura não é o atributo que lhe confere o Bem-amado divino? E ele é literalmente declarado "branco e vermelho"

(Ct 5,10 BJ: "branco e rosado"). Um adjetivo raro, ṣaḥ, foi entendido como "branco, claro, brilhante", e Gregório de Nissa viu na segunda indicação a marca da Encarnação: essa palavra "vermelho", 'adom, vem da mesma raiz que 'adam, "Adão", aquele que é feito de terra vermelha, o que qualifica também o rosto de Davi em 1 Samuel 16,12. Outro vermelho qualificará os lábios da bem-amada, "vermelhos" como os lírios do campo (Ct 4,3; 5,13). O "ouro", ao mesmo tempo cor e luz, brilho sem igual, é um atributo do bem-amado, visto três vezes em seu retrato (Ct 5,11.14.15), e qualifica igualmente seu "baldaquino" real (Ct 3,10) e as joias com as quais ele quer enfeitar sua bem-amada: "Far-te-emos pingentes de ouro, cravejados de prata" (Ct 1,11). Em contraste, o preto se relaciona com os cabelos dos dois amantes: das cabras para ela, e dos corvos para ele (Ct 4,1; 5,11; 6,5).

Além do que se vê em relação ao rosto dos bem-amados, a leitura, mesmo superficial, do Cântico deixa sempre atrás de si uma atmosfera luminosa, aquela produzida por uma luz solar soberana, brilhante, uma luminosidade de meio-dia, contraste de calor e sombras espessas ou saturadas da poeira do deserto; também a luz primaveril, matinal, no segundo canto, a luz da aurora e a luz vespertina, "na hora em que as sombras se alongam". Essa luz se irradia de fato sobre cada encontro dos bem-amados, ao contrário das noites da procura e da ausência.

O jardim dos sentidos: os perfumes

Sabemos bem que o olfato é um sentido que lamentavelmente se atrofia no ser humano hoje em dia, à medida em que avança a esterilização do meio em que vivemos, de nossas alergias e que a natureza silvestre fica em segundo plano. O olfato continua sendo o vestígio de uma propriedade maravilhosa de nossa animalidade, humilhada no presente pelas performances espantosas do mais comum dos cães, de um gato ou de um golfinho. A riqueza de vocabulário do Cântico traduz uma sensibilidade ameaçada na atualidade: saberíamos distinguir "o nardo e o açafrão, a canela odorífera e o cinamomo, a mirra e o aloés" (Ct 4,14)? Basta passar pelos intermináveis labirintos dos aeroportos, onde rivalizam as butiques luxuosas e as fragrâncias propagadas pelos perfumistas: um perfume raro e refinado se mistura com o vapor pegajoso dos mais vulgares desodorantes. O reino dos perfumes é a assinatura sensorial do Cântico. Encontramos nele, repartidos nos cinco cantos, não menos que quarenta registros sobre o olfato, desde o prólogo, "o odor dos teus perfumes é suave" (Ct 1,3), até a última palavra do poema:

> Foge logo, ó meu amado, como um gamo,
> um filhote de gazela,
> pelos montes perfumados! (Ct 8,14).

O fato é ainda mais notável quando se leva em conta que o léxico dos perfumes é pouco desenvolvido na Bíblia, com exceção do "incenso", muito frequente por seu uso cultual. A mirra é mencionada oito vezes no Cântico, enquanto é referida somente cinco vezes em todo o Antigo Testamento e quatro no Novo. É mais citada que qualquer outro perfume e, sobre isso, os Padres se basearam nos seguintes fatos: a mirra está associada ao nascimento de Cristo pela oferenda de um dos magos (Mt 2,11); à sua paixão, pelo vinho misturado com mirra que um soldado oferece a Jesus (Mc 15,23); e a seu sepultamento (Jo 19,39). O próprio Cristo é oferecido a Deus "como uma oferta de agradável odor" (Ef 5,2).

O uso da mirra no poema é caracterizado pelo que significa paradoxalmente um perfume: a proximidade do distante, a vibração do desejo em uma presença pura. Como já observamos ao falarmos da unção em Betânia, o olfato é o sentido que lembra o que é fugidio. É da natureza do perfume se espalhar, difundir-se e se dissipar pouco a pouco, sua força é concomitante ao próprio encontro, em seguida inexoravelmente se enfraquece com o tempo e no espaço, então já são necessários outros odores para despertar o olfato. Por isso, o perfume significa o impossível de ser retido, de ser conservado, cativo. Por ocasião do primeiro êxtase de amor, a bem-amada exprimia isso magnificamente:

> Enquanto o rei está em seu divã, meu nardo difunde seu perfume.
> Meu bem-amado é para mim um saquinho de mirra,
> repousando entre meus seios (Ct 1,12-13).

Os fugitivos estão unidos, os perfumes se unem: no recinto do rei, o nardo da bem-amada; entre os seios da bem-amada, a mirra do rei. Como dizer melhor a graça desse instante, o milagre da presença amada! Mas em seguida soa um terceiro verso, rigorosamente paralelo ao segundo:

> Meu amado é para mim um cacho de cipro florido
> entre as vinhas de Engadi (Ct 1,14).

Aquele que está "entre meus seios" está igualmente também "nas vinhas de Engadi"! Um odor fala de um alhures! Um perfume afasta, faz viajar, muitas vezes em virtude de uma lembrança. O dom da presença fica fora de alcance, fora de toda possessão, e isso com certeza diz algo sobre a união sexual.

A metáfora da união por meio dos perfumes, que a bem-amada exprimia com sobriedade no primeiro canto, o bem-amado usará de novo de maneira muito mais insistente no terceiro canto, quando os amantes se encontrarão de novo abraçados, na sequência do "jardim fechado" (Ct 4,10-5,1). Em sete versos, há pelo menos dezesseis palavras do vocabulário olfativo! É da interioridade mais profunda, do "jardim fechado", da "fonte lacrada" da bem-amada – assim como o "recinto" do rei no primeiro canto – que jorra (Ct 4,13 "teus brotos") uma profusão de fragrâncias extraordinariamente variadas.

O poeta não encerra a "mirra" e o conjunto dos perfumes na esfera desse jardim íntimo de "terrenos perfumados" (Ct 6,2). De fato, é nas "montanhas perfumadas" que termina o poema, não sem eco para essa "montanha da mirra" para onde a bem-amada quer se dirigir:

> Antes que sopre a brisa e as sombras se debandem,
> vou ao monte da mirra, à colina do incenso (Ct 4,6).

A língua hebraica oferece o sésamo que permite reconhecer esse lugar enigmático: no hebraico, a "montanha da mirra", *mor*, fica bem próximo ao monte *Moriah*, aquele em que teve lugar o sacrifício de Abraão, identificado por uma tradição muito antiga com a montanha do Templo (2Cr 3,1). É em Sião, montanha santa, "colina do incenso" que acontecem todos os dias, e com profusão, os sacrifícios. Dois versos mais adiante, o "Líbano" é lembrado duas vezes: nome carregado de ressonância também ligada ao Templo de Salomão, como vimos.

Mais uma vez, a bem-amada nos aparece, velada sim, mas reconhecível: a filha de Sião, Jerusalém, em todo seu esplendor, "o recinto" do grande Rei, o lugar sem igual para onde ele gosta de vir se encontrar com seu povo bem-amado.

Os perfumes exercem, portanto, uma função eminente nos êxtases de amor do Cântico: induzindo essa temática do que é fugidio, do próximo e do distante, do não poder ser retido, essa metáfora contribui para o grande pudor do poema. Mas cada uma dessas cenas nos conduzem do olfato também ao paladar e, assim, aflora o tato, não sem erotismo: uma "consumação" acontece. Isso nos introduz no tema seguinte, abordando uma nova dimensão do corpo e dos sentidos, que é a ressonância propriamente sexual do Cântico.

7
O desejo à flor da pele
Tema 4

Assim como o Cântico dos Cânticos não é um manual de moral conjugal, também não é um *Kamasutra* expurgado ou disfarçado.

Ontem ocultada, hoje midiatizada em excesso e pretensamente liberada, a sexualidade humana se encontra muitas vezes humilhada por todos os lados: pela revelação ininterrupta de escândalos – incestos, pedofilia, assédios – e também pela complacência de um erotismo comercial aliciador e por um dilúvio de pornografia na *web*. A sexualidade se mostra como um dado humano hipersensível que, na verdade, requer discussão, mas uma discussão delicada e respeitosa. Pelo Cântico, a Bíblia também nos introduz nesse domínio. Os antigos Padres da Igreja, como também os rabinos judeus, ponderavam que este livro não era dos que se devem colocar em todas as mãos sem precaução e se recusavam a fazer do Cântico uma leitura simples e naturalista. Hoje, cem anos depois de Freud, seria pouco aceitável um comentário do Cântico que negligenciasse esse aspecto do livro sob pretexto de espiritualidade ou por medo de um contrassenso. Sem minimizar a leitura espiritual, já bastante considerada em nosso percurso pelos nomes que enriquecem o poema e por sua topografia, devemos entrar na lógica própria das imagens propostas sem falso pudor, reconhecendo nisso a dimensão do corpo humano tão claramente valorizada pelo exercício dos sentidos, ao qual o poeta convida constantemente: a sexualidade, um desejo à flor da pele.

O corpo como revelação

Ao contrário dos partidários de uma leitura cruamente naturalista, comecemos destacando o imenso pudor desse poema, o que não se trata absolutamente de um conservadorismo assustador, pois esses cantos exaltam o prazer e não se pode negar o erotismo que os perpassa. A distinção entre modéstia e pudor que a onipresença das imagens sexuais em nossos écrans hoje tende a apagar é de primeira importância. O pudor é o respeito pela interioridade inviolável que constitui o segredo de cada ser humano. O uso constante nesse poema de um grande número de imagens e de metáforas relaciona-se a isso, por promover um distanciamento que rejeita todo rapto, todo voyeurismo predador. O papel da palavra é também, nesse caso, o sinal do compromisso com a liberdade completa.

O próprio corpo humano não é uma realidade plana, puramente objetiva ou objetivável, é algo que resguarda uma interioridade. Por isso, mesmo nu o corpo continua sendo uma espécie de véu, o meio de uma presença que não saberíamos reduzir à sua aparência e à sua materialidade. Note que o "véu" da bem-amada (Ct 4,1.3; 6,7) é evocado três vezes. O corpo humano é uma revelação em ato, uma verdadeira linguagem. Afinal, eu digo algo de mim mesmo não somente pela maneira como me visto, mas também pela minha postura, meu porte; cada um de meus gestos fala, a começar pelo mínimo movimento de cílios, o mais leve "piscar de olhos". A dança reduz muitas vezes a vestimenta dos dançarinos ao estritamente necessário, permitindo mostrar-se o desenho de cada membro, suas curvas, seus arcos, suas tensões e relaxamentos, para melhor celebrar essa linguagem que é o corpo humano em movimento. O Cântico no aproxima de um modo bem singular, insubstituível, do mistério do corpo humano que se livra, que se resguarda, que se entrega ou que se recusa, falando, desse modo, mesmo inconscientemente, sobre o desejo que lhe dá vida.

O corpo sexual: imagens e formas

Embora não seja necessário insistir, queremos apontar no vocabulário das imagens que os bem-amados empregam para falar deles mesmos algumas constantes que ilustram muito bem a diferença sexual. Assim, a bem-amada se parece mais com uma flor, e o bem-amado, com uma árvore. Esse "mais" é importante, pois vemos claramente que o poeta se conserva longe de todo simplismo e de toda caricatura. "Narciso", "lírios", "amarílis", "lótus"! De uma língua a outra, muito antes da época moderna, desde a LXX e a Vulgata, os tradutores identificaram essas palavras do hebraico com flores que têm um cálice bem formado. O bem-amado, por sua vez, em meio a "homens jovens", é uma "macieira entre as árvores da floresta" (trad. BJ: do vergel) ou um "cedro"; mas seus lábios são "lírios" (Ct 5,13). A lógica das imagens é ao mesmo tempo de cor e de forma e se refere à boca, menosprezando uma atribuição por demais mecânica dos símbolos. A mesma coisa se dá em relação a "cacho", usado tanto para o bem-amado, "cacho de cipro" (Ct 1,14), quanto para a bem-amada, cujos seios são os cachos de uma palmeira ou de uva (Ct 7,8.9). A imagem da "palmeira" não é o símbolo fálico pressuposto, mas designa o vigor do corpo dançante da bem-amada (Ct 7,8). Quem nunca viu imagens de palmeiras dançando freneticamente sob o poder de um ciclone ou de um furacão? A poesia do Cântico não é uma linguagem cifrada em um sistema de código; ela exalta seu objeto, mas jamais o reduz às imagens que emprega.

Uma sequência do quarto canto pode ser abertamente qualificada como erótica. Trata-se da visita noturna do bem-amado ao quarto da bem-amada que, de certa maneira, tinha sido preparada no segundo canto por uma primeira visita matinal do amante, que espreitava pela grade. Mas desta vez é noite e alude-se à nudez da mulher: "já despi a túnica […] já lavei meus pés" (Ct 5,3). Nesse contexto, a metáfora da "fresta" e da "maçaneta da fechadura" aparecem carregadas de conotações sexuais bastante explícitas, orquestradas como estão pela descrição do toque e sua ressonância no corpo:

> Meu amado põe a mão pela fenda da porta:
> as entranhas me estremecem.
> Ponho-me de pé para abrir ao meu amado:
> minhas mãos gotejam mirra,
> meus dedos são mirra escorrendo
> na maçaneta da fechadura (Ct 5,4-5).

Essa passagem é a única que dá às "mãos" e aos "dedos" seu papel específico de órgãos do tato. Mas aqui o contato é furtivo, logo interrompido, levando a uma evidente frustração.

Em outras partes do Cântico, é todo o corpo que está envolvido com o sentido do tato, pois toda nossa pele é um órgão táctil e sensível, um fato que muitas vezes esquecemos. A dimensão sexual da paixão se exprime sobretudo no poema por dois sentidos corporais: o tato e o paladar. A especificidade do tato entre todos os outros sentidos é o seu caráter necessariamente recíproco: posso ver sem ser visto, ouvir sem ser ouvido, mas não posso tocar no outro sem que o outro me toque, não posso tocar no outro sem eu mesmo ser tocado. Essa reciprocidade faz disso uma dimensão eminente da relação amorosa. E é por isso também que o toque tem um valor tão abrangente; o abuso sexual, por exemplo, é determinado pela recusa de reciprocidade.

Tocar e saborear: a festa dos sentidos

Lembremos que o início do poema faz o leitor mergulhar em um universo manifestamente sensual:

Que me beije com beijos de sua boca!
Teus amores são melhores do que o vinho […] (Ct 1,2).

Colocada em cena três vezes pelas palavras do primeiro estíquio, aparecendo primeiro como o órgão de um contato íntimo, a "boca" se revela no segundo estíquio como o órgão de ingestão na imagem do "vinho". O tato e o paladar se misturam: a proximidade se torna contato, pois muda em possível ato de engolir, de devorar. Não está na natureza do amor ser devorador? O domínio sensorial do paladar, a evocação do comer e do beber traduzem aqui o ato de posse próprio do ato sexual.

No verso inicial do poema, a palavra hebraica *dodeykha*, "teus amores", que é repetida dois versos adiante e novamente associada ao vinho, "mais que ao vinho, celebremos teus amores" (Ct 1,4), tem a mesma raiz que *dod*, "o bem-amado", mas essa tradução exige um esclarecimento. A maioria dos tradutores antigos, gregos e latinos, a vocalizaram como *dadeykha*, "teus seios", elemento do léxico corporal que volta uma dezena de vezes em outros lugares do Cântico, quase sempre ao se falar do corpo da bem-amada. A perplexidade dos editores e tradutores modernos vem justamente do fato de que aqui é a bem-amada que fala, e que por isso "os seios" só podem se referir ao personagem masculino. Como entender essa imagem?

A tirania do intelecto sobre a experiência do corpo complica nossa tarefa, pois queríamos metáforas claras e coerentes, quando o mundo das imagens poéticas é mais tarefa de sentidos-sensação do que de sentidos-significação. É bem esclarecedor ouvir a língua francesa. O que se diz quando se fala de "*embrasser*/abraçar"? Sobre a boca ou os "braços"? Pois bem, em francês, fala-se exatamente dos dois, indissoluvelmente: da boca e dos braços! Um "*étreinte*/amplexo", tradução escolhida por André Chouraqui, supõe o contato de todo o corpo. Além disso, muito mais que um gesto restrito aos lábios, "*baiser*/beijar" é coisa bem diferente do pequeno sinal de amor do marido à sua mulher na hora em que ele sai para o trabalho. Quanto aos verbos "tocar" e "gostar", expressam dois gestos aparentados, no sentido de que eles se relacionam um ao outro de maneira tangencial, aproximada, expressando o fenômeno do "contato", um aflorar do mundo do outro, e não a plena e total consumação. Ora, a "boca" e os "lábios" (Ct 1,2; 4,3; 4,11; 5,13) são mucosas, ainda mais sensíveis que a pele, localizadas no corpo de cada um na fronteira entre o exterior e o interior, tangenciais. A "língua", que ocupa um lugar manifestamente de interioridade, aparece mais adiante no poema. Ela é o principal órgão do "paladar", e quando o bem-amado alude à língua de sua parceira, o gosto dos dois se mostra partilhado:

Teus lábios são néctar escorrendo, ó noiva minha,
Tens leite e mel sob a língua (Ct 4,11, trad. André Chouraqui).

Nesse registro do gosto, domínio muito rico da comida e da bebida, as imagens do "vinho" e das "frutas" voltam mais vezes, sete vezes cada, às quais se junta quatro vezes a imagem do "leite" e de outros alimentos: mel, uva, maçãs, frutos da palmeira, licor de romãs. Em nenhum lugar se fala do "pão", o pão da necessidade, ganho com o suor do rosto, mas em toda parte está a alegria e o prazer gratuito, o açúcar das frutas, a embriaguez do vinho!

Em diversas ocasiões, a degustação ou manducação amorosa coroa uma relação descrita no registro espacial como aproximação e entrada. O primeiro canto, o do encontro pastoril, multiplica as imagens da aproximação, da busca (Ct 1,7-8), antes de mostrar um contato muito próximo, "um saquinho de mirra é para mim meu amado, repousando entre meus seios" (Ct 1,13). Depois vem a imagem do comer, "com seu doce fruto na boca" (Ct 2,3), sem que o contato tenha cessado: "sua mão esquerda está sob minha cabeça, e com a direita me abraça" (Ct 2,6).

Voltamos a encontrar esse registro, idêntico, bem no fim do quinto canto. Aí temos novamente a associação dos dois registros, o espacial e o gustativo, expressando a proximidade, a entrada, a degustação:

Eu te levaria, te introduziria na casa de minha mãe e tu me ensinarias!
Dar-te-ia a beber vinho perfumado e meu licor de romãs.
Sua mão esquerda está sob minha cabeça, e com a direita me abraça (Ct 8,2-3).

A fusão dos dois registros encontra sua expressão mais completa no fim do terceiro canto, o diálogo no jardim, com a repetição do paralelo entrar/gostar; comer beber:

> Que entre meu amado em seu jardim e coma de seus frutos saborosos!
> – Já vim ao meu jardim, minha irmã, noiva minha.
> Colhi minha mirra e meu bálsamo.
> Comi meu favo de mel, bebi meu vinho e meu leite (Ct 4,16-5,1).

Portanto, é por todo o livro que a relação propriamente sexual se expressa na metáfora do degustar-comer-beber do parceiro, constantemente antecipada e acompanhada pelo registro do tocar, pelas figuras da aproximação, do contato, e da "entrada".

O que nos diz, então, o Cântico sobre a sexualidade humana? Como o poeta a cantou? Antes de tudo, reconheçamos que as coisas são descritas de maneira óbvia, sem falsa vergonha, com modéstia e admiração. Como realidade do corpo, a sexualidade aparece sob a figura dos sentidos. Os sentidos, exaltados ao longo de todo o poema, abrem a passagem para uma sensualidade, essa sensualidade vilipendiada ou posta sob suspeição pelos moralistas. A aproximação dos corpos dos dois amantes, lembrada sobretudo pelas figuras relacionadas ao tato e ao paladar, deu lugar diversas vezes ao que podemos chamar de "êxtase de amor" ou, mais prosaicamente, consumação do ato sexual. Mas fica bem claro que não estamos aqui no campo da moral! A retórica do permitido e do proibido, do puro e do impuro, não aflora em nenhum lugar no poema. Ao contrário, aquela que no início não tinha guardado sua vinha é declarada em seguida como "não tendo um só defeito" (Ct 4,7). Se pudermos aproximar nosso texto ao do jardim do Éden (Gn 2-3), pela presença de um casal e certo "clima paradisíaco", penaríamos para encontrar aí o menor eco didático sobre qualquer pecado. Apenas ressoa o maravilhoso "tudo era bom!" do Criador à vista do casal do Éden no sexto dia (Gn 1,31). Ou então a frase do Criador "não é bom que o homem esteja só", precedendo a criação da mulher no segundo relato do Gênesis (Gn 2,18).

Na dianteira dos sentidos, portanto, o sexual, campo eminente do desejo e do prazer, destaca-se como uma potencialidade sem igual. Tanto que tudo não termina com o clímax da união dos dois amantes: o canto continua, para além dos encontros e das uniões, pois o desejo renasce para além do prazer.

Para além do prazer, o desejo

Como o apetite, o desejo sexual está sujeito a ritmos e cessa antes de renascer. Tem também uma dimensão tipicamente humana: a liberdade. Entre os animais, só o homem tem o poder de regular essa energia que não foi simplesmente entregue aos mecanismos do instinto. Mesmo que o Cântico, repetimos, não tenha um objetivo diretamente ético, ele dá valor a essa liberdade, apelando para a ausência e a procura, principalmente no segundo e no quarto cantos. Essa liberdade também é tornada visível pela superação da posse mútua dos amantes, posse que poderia significar o fim da aventura, quando o fim foi obtido.

Três vezes no poema a bem-amada exprime o sentimento apaziguado de uma semelhante posse:

> Meu amado é meu e eu sou dele, do pastor das açucenas (Ct 2,16, canto II).

> Eu sou do meu amado e meu amado é meu, o pastor das açucenas
> (Ct 6,3, canto IV).
> Eu sou do meu amado, seu desejo o traz a mim (Ct 7,11, canto V).

A proximidade se manifesta e é notável a variação. O texto hebraico, muito breve, é musicalmente sensível: *dody li vaany lo, haro'eh bashoshanym* (Ct 2,16).

Da primeira para a segunda declaração, foi feita uma inversão, algo como: aquele que eu possuía primeiro, agora me possui primeiro. O desejo amoroso operou uma descentralização essencial: não sou mais eu e o que é meu primeiro, mas o outro e o que é dele primeiro. Na terceira formulação, esse descentramento é repetido e ainda mais acentuado. Nem é mais questão de possuir o bem-amado, por si só a certeza de seu desejo lhe basta: "seu desejo o traz a mim". Pouco a pouco a posse se transformou em dom, dom de si, que responde ao desejo do outro.

Este grande poema nada tem de uma "psicologia" do amor; mas, para quem percebe a unidade de conjunto e os ecos internos, as repetições e os refrãos, seus cinco cantos mostram e expressam, pelas palavras dos amantes, uma transformação manifesta da bem-amada. Aquela que no início ouvia timidamente o apelo do bem-amado e seu convite para sair – "pomba minha, que se aninha nos vãos do rochedo, pela fenda dos barrancos" (Ct 2,14, canto II) –; aquela que de seu leito sentia a falta da visita noturna do bem-amado, não sabendo abrir seu quarto (canto IV), tornou-se a que sai por si mesma, chama e convida: "Vem, meu amado, vamos ao campo, pernoitemos nas aldeias, madruguemos pelas vinhas [...]" (Ct 7,12-13, canto V). Uma abertura se deu enquanto crescia e amadurecia o desejo. Assim, o movimento supera a posse estática, o de fora supera o de dentro, a abertura se completou, pois já não existe mais o temor por parte de quem se deixa amar. A última nota do poema vai consagrar esse consentimento da bem-amada à liberdade do amor:

> Foge logo, ó meu amado, como um gamo,
> um filhote de gazela, pelos montes perfumados! (Ct 8,14).

A partir do corpo e dos sentidos, tão extraordinariamente exaltados no Cântico, percebemos a vibração, o desejo que os anima. O corpo transcende o corpo, supera a si mesmo, é para o outro, para um Outro. Prometendo plenitude e serenidade, a sexualidade se revela como abertura e carência inscrita em nossa carne, em nosso corpo. O desejo varre grande parte de nossos movimentos interiores. Partindo do animal em nós, o instinto – que o chamemos de apetite, fome ou sede –, de objeto em objeto, cresce, transforma-se, amadurece, apropria-se de objetos menos sensíveis, tem ambições, conquistas, "objetivos". Depois ele se interessa por "pessoas", que não são objetos propriamente – e é precisamente nesse ponto que a sexualidade necessita de uma ética incontornável – antes de se elevar finalmente até o mais irredutível, o objeto menos objetivável, o menos atingível *a priori*: Deus. Assim é o desejo, única potência em nós que pode se elevar a Deus sem receber dele nem negação nem recusa. Mas, nesse percurso, tal desejo, capaz de crescer até o infinito, despoja cada um do domínio imaginário que antes sonhava conquistar. Na interpretação "mística" do poema, é esse avanço do desejo que é reconhecido, um desejo que não se deixa encerrar em uma realização qualquer. Designar o Outro como Deus, e Deus como Amor, mantém a dilatação do desejo. Por isso, nada há de estranho que os celibatários cristãos tenham sido os intérpretes incansáveis do Cântico: eles são as pobres testemunhas da insuficiência do desejo humano aos olhos da fornalha de desejo daquele que, para viver em completa paridade conosco, escolheu se encarnar.

8
Do amor ao Amor
Tema 5

Em meio ao panteão confuso formado pelos deuses das nações, é bem difícil para a pessoa humana do nosso tempo tomar consciência da originalidade incrível do Deus de Israel. De tempos em tempos, deveríamos acessar as mitologias, reler Homero, Hesíodo... Reler também a Bíblia e lembrar os ídolos de que ela fala, pois muitos traços dessas crenças estão descritos, estigmatizados por nós, quando se fala dos Baais, de Astarte, de Moloc, Dagon, Bel e Nebo. Com certeza, o mais incrível de tudo é a descoberta inimaginável de um Deus que quer ser amado, um Deus que exige o amor para si, primeiro o amor antes de outro mandamento (Ex 20,6; Dt 6,5). O temor e o terror fazem parte do vocabulário teológico universal desde o tempo de Osíris, Zeus, Wotan e Tutatis, mas e o amor? Realmente, ninguém o poderia ter inventado e ninguém tem essa pretensão: o próprio Deus o revelou.

Ora, não há quarenta "amores", quarenta modos de amar, e, a partir desse ponto de vista, é bem notável que o uso de numerosas línguas convirja na seguinte situação: de uma geleia de morangos até Deus, a gente "ama", usando sempre o verbo "amar". Não é possível fazer diferente, não se pode distinguir quando a gente ama, tudo é uma coisa só. E se houvesse um verbo que as pessoas cultas quisessem reservar para Deus, as crianças e também a mídia se apressariam a fazer dele o uso idolátrico mais intenso possível: "Hummm! Este chocolate com caramelo! Eu adooooro!"

Para se revelar, Deus ergueu uma escada, abriu um acesso a partir o solo, do chão, do mais baixo da criação, até o céu, ao mais alto do firmamento. O Cântico abre esse acesso de maneira notável, concentrando seu olhar sobre um importante degrau: o maravilhoso degrau do amor por alguém que é semelhante e diferente, a quintessência da melhor, mais bela e mais gratificante coisa que os seres humanos podem esperar em toda a sua vida, conforme relatado nas primeiras páginas do Gênesis. Isso não impede o próprio poeta, realista, de empregar numerosas metáforas alimentares para expressar a qualidade do prazer desse encontro.

O belo, o bom, o infinitamente amável

Em meio aos escritos bíblicos, o Cântico impressiona pela polarização quase exclusiva orientada ao belo, ao bom, ao positivo. Nele não se encontra nem o feio nem o mau. Vamos admitir que isso causa uma sensação boa. E essa é justamente a obra que o amor realiza: uma polarização positiva e unitiva da vida, que nos faz sair do mundo maniqueísta, mundo em preto e branco, sempre dividido, que domina nossas imaginações.

Deixando o corpo nos guiar, seguindo a pista dos sentidos, encontramos e atingimos o mundo, a maravilha da criação, as paisagens, a flora e da fauna que se expande, além das mais admiráveis realizações humanas: jardins, palácios, o Templo. Quando toda nossa admiração perante as montanhas cobertas de neve, perante as fontes jorrando água, as flores da primavera e o voo de pombas brancas converge sobre um único ser, não há senão uma expressão que dá conta de nossa admiração: "como tu és belo!", "como tu és bela!". A beleza exprime essa positividade do ser amado que produz no amante a alegria interior, a felicidade. As palavras "belo, bela/ser belo" têm, no hebraico, a raiz YPH e aparecem dezessete vezes no poema, como ocorrem dezessete vezes as palavras "amor/amar", *ḥabab/'ahab*. Feliz coincidência! A tradução grega, como em toda a Bíblia, traduziu com muita constância essas palavras pelo binômio *agape/agapao*, que se aproxima do hebraico do ponto de vista fonético. Outras palavras aparecem muito: bom, encantador, delicioso, suculento, mas sem rivalizar com "o amor" e "a beleza", pois essas sobrepujam em muito o restante do repertório.

Qual a melhor maneira de entrar no mistério da beleza?

Talvez, olhando-a como uma "virtude imoral"... Seria inútil procurar um catálogo das virtudes do ser amado nos retratos que o Cântico traça: a sogra não encontraria o que procura! Alguns Padres da Igreja se dedicaram a isso, mas precisaríamos ter muita paciência para segui-los pelos portentos de interpretação em que apelam, inclusive, a todos os outros escritos bíblicos, muitas vezes tirando superficialmente citações de seus contextos. A beleza é com certeza uma virtude, no sentido dinâmico que essa palavra tem. Ela é uma força, mas uma força que não provém de nenhum mérito, nem age do mesmo modo sobre aquele que a possui e os outros ao redor. Desde seu início, é uma força de atração que age, "arrasta-me contigo, corramos!" (Ct 1,4), e a bem-amada conclui o retrato do bem-amado com estas palavras: "Ele todo é uma delícia" (Ct 5,16 BJ), "tudo nele é desejável" (TLB). Poderíamos traduzir também assim: "ele é tudo o que poderíamos desejar!" Por isso, essa força põe o outro em movimento, e não apenas àquele que a possui. Inversamente, a perversão da beleza é a triste realidade de quem apenas cultiva e exibe a aparência externa, preso a si mesmo de um modo narcisista, um "supermodelo" que sacrifica tudo por sua imagem e usa seus encantos para fingir que possui a graça do dom que lhe foi dado! A beleza é um dom e só pode sobreviver se continuar sendo um dom, dom que ninguém pode de fato possuir.

O poder de atração da beleza e o sofrimento que ela inflige, sem saber e sem querer, à alma que é sensível a ela são cantados no Cântico com uma intensidade sem igual em toda a literatura.

A dolorosa procura

Se no primeiro canto a pastora usa expressões amáveis (Ct 1,7), no segundo e no quinto cantos temos as expressões que melhor sublinham o sofrimento e a errância do desejo. Sem receber de antemão qualificação negativa, sem ser designada como um mal, menos ainda como "pecado", essa busca não deixa de ser descrita como a face noturna do desejo:

> Em meu leito, pela noite, procurei o amado de meu coração.
> Procurei-o e não o encontrei (Ct 3,1).

A primeira busca (Ct 3,1-4, canto II) é breve, mas muito intensa, obsessiva. O verbo "procurar" é repetido quatro vezes; e expressão "o amado de meu coração", o objeto dessa obsessão, também é repetida quatro vezes, acrescentando-se duas vezes esta dolorosa constatação: "procurei-o e não o encontrei!" (Ct 3,1.2). A errância é o preço de tal desejo:

> Levantar-me-ei, rondarei pela cidade,
> Pelas ruas, pelas praças, procurando […] (Ct 3,2).

Essa tensão é rapidamente resolvida, de forma inesperada, após um encontro fortuito com os guardas da cidade. É preciso notar o efeito produzido pelo texto no ato de buscar e encontrar: "Não o encontrei! Eles, os guardas, o encontraram […]". Efeito que será repetido de forma idêntica no quarto canto: "passando por eles, encontrei o amado de minha alma" (Ct 3,4), mas o leitor não pode deixar de se impressionar diante da possessividade que é expressa então pela bem-amada, frente ao objeto de seu desejo:

> Agarrei-o e não o soltarei
> até levá-lo à casa de minha mãe,
> ao quarto daquela que me concebeu (Ct 3,4).

Como entender essa declaração? Gostaríamos de evitar essa sombra que na era da psicanálise soa como um tipo de regressão! O que faz a "mãe" aqui? E a insistência sobre "o quarto daquela que me concebeu"? Guardemos isso no espírito e observemos a cena por alguns pontos paralelos, como quando descrita no quarto canto (Ct 5,2-7).

O sono presente no início, "eu dormia", traz novamente o ambiente noturno, confirmado no fim do verso pelo "orvalho que goteja". A procura da bem-amada não vem em primeiro, mas em segundo lugar, pois é o bem-amado que toma a iniciativa; é ele que bate, chama e pede para abrir a porta. O paralelo com o segundo canto não se torna muito forte senão a partir do momento em que essa abertura é concedida:

> Abro ao meu amado, mas o meu amado se foi!
> Procuro-o e não o encontro.

Chamo-o e não me responde!
Encontraram-me os guardas [...] (Ct 5,6-7).

Esse paralelo, contudo, é logo interrompido, pois a feliz solução que bruscamente se deu no segundo canto aqui não aconteceu. Ao contrário, os guardas são os agentes de uma série de golpes: "Bateram-me, feriram-me, tomaram-me o manto [...]" (Ct 5,7). O sofrimento implícito da errância se tornou o sofrimento explícito de uma vítima de agressão, despojada e abandonada. A bem-amada se declara então mais uma vez "doente de amor" (Ct 5,8; cf. 2,5).

Sem tirar da poesia seu mistério e suas perspectivas infinitas, eu gostaria de prolongar a análise sobre o desejo amoroso que é descrito: encontramos aí o caminho comum da descoberta do amor pelos seres humanos.

O ponto principal da aventura amorosa é a distinção entre o objeto e o sujeito; passando dos objetos do mundo, que são consumidos, às pessoas, que ninguém pode nem deve consumir. Aquele que progride no amor descobre não somente que o outro é um sujeito e não um objeto, mas também que ele mesmo é um sujeito dotado de liberdade inalienável. Essa experiência envolve necessariamente frustração: o outro se recusa, ou parece se recusar, escapa de toda compreensão, de toda forma de dominação. É dessa forma que ele se afirma como sujeito, como um ser livre em vez de um objeto.

O assunto parece simples, óbvio demais. Contudo, essa conquista da liberdade pessoal, que passa pelo reconhecimento da liberdade do outro, não é um dado banal, comum. Muitas pessoas não chegarão jamais a essa liberdade pelo medo de dizer não, por medo de fazer o mal e sobretudo por medo de sofrer. Aqui o paralelo com a primeira infância é esclarecedor, pois o que se dá na adolescência, com os primeiros amores, não faz senão repetir uma experiência primária. Toda criança já faz a experiência da frustração quando sua mãe se recusa a ser apenas a "fornecedora de leite", sempre à disposição, ou de qualquer outro prazer ou capricho. Desse modo, ela se afirma como um sujeito que possui sua liberdade. Vivendo essa experiência, a criança se constitui como sujeito, como portadora de desejos e também de liberdade. Seu desejo saiu agora de sua matriz instintiva e seu desejo de pessoa, seu desejo de amor, venceu seu desejo de prazer, seu desejo de objeto a ser consumido. E à medida que esse amor cresce, nada na pessoa amada será tão desejável quanto sua liberdade. Talvez seja isso que as últimas palavras do Cântico dizem: "Foge logo, ó meu amado, como um gamo [...]". Ou seja, o desejo não para nunca de crescer, de se libertar de seus condicionamentos, de seus reflexos e regressões, para se apaixonar pela liberdade do outro, como Deus faz.

A assimetria do Cântico é um dado essencial: o casal de amantes não é casal no sentido sexual da palavra. Lendo o Cântico, toda alma desejosa, feminina ou masculina, deve entrar no papel da bem-amada, cujas purificações ela vive, pois o amor não está no encontro sob a simples ordem do desejo. Ele escapa, recusa-se ao mesmo tempo que chama e se aproxima mais e mais. Tal experiência vale tanto para o amor conjugal quanto para o amor de Deus, tratando-se, nesse caso, de uma experiência totalmente espiritual.

Pelo fato do amor e do desejo continuarem crescendo e ganhando em liberdade, a liberdade infantil, em nossa história, não é uma marca que se desfaça com uma simples decisão da vontade. Alguma coisa nessa criança, que continuamos sendo, resiste ao crescimento.

A mãe do belo amor

A essa altura, talvez possamos nos arriscar a olhar para essa intrusa persistente que representa a personagem da "mãe", nomeada sete vezes no poema (quando, ao contrário, não se fala do pai em nenhum lugar).

Como o casal de amantes não é simétrico, suas "mães" também não o são. Seis vezes se trata da mãe da bem-amada (Ct 1,6; 3,4; 6,9; 8,1.2.5) e uma única vez da mãe do bem-amado (Ct 3,11). Comecemos olhando para essa última:

> Ó filhas de Sião, vinde ver o rei Salomão,
> com a coroa que lhe pôs sua mãe
> no dia de suas bodas, dia em que seu coração
> se enche de alegria (Ct 3,11).

Na verdade, essa mãe aparece como uma "sogra", por estar associada ao casamento de seu filho, nessa única menção: e ela é "bela", sobretudo porque, nada possessiva, dá seu filho a outra mulher naquele dia. É dito também que ela o "coroa" nesse "dia de grande alegria", ou seja, o casamento que consagra a união de seu filho com outra mulher, de certa forma completa e coroa o dom da vida que a mãe lhe transmitiu. É uma mãe cheia de sabedoria, oblativa, como a "mãe do belo amor" (Ecl 24,18), expressão que se aplica tradicionalmente à Virgem Maria.

A outra mãe, a da bem-amada, não está associada ao casamento de sua filha, mas, de maneira insistente, à sua concepção e ao seu nascimento (Ct 3,4; 6,9; 8,5 bis). André Chouraqui, penetrando o mais possível no texto hebraico, usa aqui expressões bastante diretas como "minha genitora" (Ct 3,4), "tua procriadora" (Ct 8,5). Isso nada tem de insignificante. Parece-me que essa figura paradoxal mostra e sublinha na bem-amada a condição ainda infantil do desejo amoroso, no sentido de que a mãe, para cada um, representa a origem e o primeiro apego. A grande lei antropológica enunciada no livro do Gênesis, impondo ao ser humano "deixar pai e mãe" para formar um novo casal (Gn 2,4), é fortemente questionada por essa presença resistente. Com efeito, a bem-amada expressa esse desejo, inconciliável com uma verdadeira aliança, de conduzir seu amante para a casa da mãe dela, inclusive para o quarto da mãe, "para o interior de minha genitora" (Ct 3,4 trad. André Chouraqui; 8,2). Regressão de quem não quer sair do ninho, mas, de alguma forma, duplicar as vantagens que ele oferece.

Bem no fim do poema, quando a bem-amada volta a repetir esse voto surpreendente, "eu te introduzirei na casa de minha mãe"; o bem-amado escolhe a imagem do "despertar" para lhe responder, pois a bem-amada acaba de pedir, pela terceira vez, que não se "desperte o amor", e essa resposta do bem-amado pode ser lida como um desfecho:

> Sob a macieira te despertarei,
> lá onde tua mãe te concebeu,
> concebeu e te deu à luz (Ct 8,5).

Não dentro, na casa, mas fora, sob a macieira! Não no interior, mas no exterior, pois isso é o mesmo que dizer: você foi concebida em um encontro, durante uma saída. Não em um quarto, mas à sombra da macieira – a "macieira" com a qual a bem-amada havia identificado seu amante (Ct 2,3) – lugar de alteridade, de alteração, um local que não pertence a nenhum dos amantes. O nascimento foi uma saída, e é tempo da bem-amada sair mais uma vez, de renascer pela graça do amor conjugal.

Será legítimo apelar assim a alguns elementos de psicanálise para reler um escrito com tantos séculos de idade?

Nunca esqueçamos que a psicologia e a psicanálise não têm outra origem senão a leitura dos textos fundadores de nossa civilização. Na mesma época em que, em algum lugar da Judeia, estava sendo escrito o Cântico dos Cânticos, Sófocles, na Grécia, escrevia *Antígona* e *Édipo Rei*, os grandes textos sobre os quais Freud construiu a nova ciência que ele explorou. O coração do homem e as relações humanas são elementos que impressionam por serem tão invariáveis em meio às convulsões tecnológicas que conhecemos, de modo que a beleza e o amor continuam a conduzir uma dança sem a qual nosso desejo de viver desapareceria. A suposta simplicidade do poema bíblico, sua polarização positiva e luminosa orientada à harmonia e à felicidade, não oculta nada das crises do desejo amoroso e da aventura que o crescimento do amor suscita em um coração de homem ou de mulher.

9
A outra fecundidade
Tema 6

O Salmo 45 (44), epitalâmio frequentemente lembrado para a interpretação do Cântico, termina em uma observação enérgica. A jovem esposa é convidada a esquecer a casa de seu pai, e o casal recebe a promessa de uma posteridade gloriosa: "Em lugar de teus pais virão muitos filhos e os farás príncipes sobre a terra toda" (Sl 45 (44), 17). Se o Cântico dos Cânticos, por sua vez, celebra também as "núpcias", nada propõe que seja semelhante a isso, pois não dá lugar explícito à esperança de uma posteridade.

Que sentido dar a essa omissão? O assunto pode ser considerado como sem continuidade, e isso repetiria uma longa série bíblica: cada um dos patriarcas de Israel – Abraão, Isaac, Jacó – por grande que tenha sido o amor deles por suas bem-amadas – Sarai, Rebeca, Raquel – deparou-se, inicialmente, com a esterilidade. O narrador do Gênesis insiste nesse fenômeno (Gn 16 21; 25,21; 29,31). Ana, a mãe do profeta Samuel, também estava marcada primeiro pela esterilidade (1Sm 1,5). Em contrapartida, ouvimos a surpreendente profecia de Isaías:

Não diga o eunuco: "Não há dúvida, eu não passo de árvore seca". Pois assim diz Javé aos eunucos que guardam meus sábados e optam por aquilo que me é agradável, permanecendo fiéis à minha aliança: "Eu lhes darei, na minha casa e dentro dos meus muros, monumento e nome mais preciosos do que teriam com filhos e filhas; dar-lhes-ei um nome eterno, que não será extirpado" (Is 56,3-5).

É preciso sobretudo ouvir o exemplo vivo do bem-amado por excelência, Jesus, "o mais belo dos filhos dos homens" (Sl 45 (44), 3), celibatário e sem filhos, eunuco pelo Reino. Quem contará sua posteridade inumerável, a fecundidade inaudita de seu amor pela humanidade?

É assim que podemos compreender a aparente esterilidade do amor cantado no Cântico, uma vez que esse poema é O livro do amor na Bíblia por excelência, e considerar a questão da incrível fecundidade do próprio livro. Por que ele se tornou o livro-mestre de tantos santos na história cristã? Por que todos os monges e monjas, durante séculos, fizeram dele seu livro de cabeceira, justamente quando o celibato deles os mantinha a cem léguas das alegrias nele prometidas? Como se tornou um dos livros mais comentados de todo Antigo Testamento?

Neste último tema do nosso livro, desejo examinar as perspectivas do poema, alargar nosso olhar na linha da leitura mais tradicional: onde se situa a fecundidade espiritual deste canto extraordinário e o que um leitor de hoje pode esperar dele?

A fundação "mística" esquecida

A palavra, apesar bastante obsoleta, dá medo. A "mística" provoca inquietação nas fileiras da Igreja, ao mesmo tempo em que também faz vagamente sorrir um grande número de nossos contemporâneos. Os "místicos" passam hoje por charlatães, e falar de "mística" é o mesmo que lembrar visões e revelações privadas que às vezes causam mais embaraços do que ajudam a Igreja. Porém, é algo totalmente diferente que está em jogo naquilo que a tradição espiritual cristã chama de "mística", contexto no qual trata-se da relação pessoal instaurada pela "palavra" de Deus entre o fiel e seu Senhor. Deus nada escreveu, mas falou. Deus não falou apenas no passado, fala ainda hoje. Ele é um Deus que fala, e isso faz parte dos fundamentos da fé cristã, como o recordou com vigor a constituição dogmática *Dei Verbum*, do Concílio Vaticano II.

O Cântico é um diálogo contínuo que nos dá a oportunidade de entrar em um diálogo amoroso com Deus, assim como os Salmos oferecem ao fiel todos os elementos de um diálogo com Deus bem como os fundamentos de sua oração; do mesmo modo, o Salmo 119 (118) declina setenta e seis vezes seguidas a dupla EU/TU ao falar das inumeráveis modalidades da relação do orante com seu Senhor. Acabamos de lembrar a assimetria fundamental do casal que aparece no Cântico. Em nenhum momento as leitoras ou os leitores tomaram para si o lugar do "bem-amado", pois sempre, a começar pelos rabinos na interpretação judaica, o Bem-amado foi visto como o Senhor e, na frente dele, sua parceira, a pomba volúvel, inconstante, sempre foi reconhecida como o povo de Israel, depois como a Igreja e também como a alma do fiel. Eu sou aquele que pede beijos; que guarda a própria vinha; que tem alma nobre e também bela; que não sabe mais se dorme ou se vela; que está perdido de desejo e tantas vezes frustrado por causa da ausência do bem-amado aos nossos encontros, nessas preces secas e dolorosas que só fazem sentir a ausência daquele que sempre "foge".

Nenhum outro livro nos propõe tal aventura, acessível não em um jogo complexo de decodificação, mas na apropriação direta, sem filtro, de um "Eu" e de um "Tu". Portanto, com certeza é preciso ousar, é preciso crer; porém, segundo as profundas palavras de Kierkegaard, "a oração é filha da fé [...], mas a filha deve entreter a mãe". É rezando que a gente se torna um fiel, é cantando o Cântico que se encontra o amor do Senhor. Eis o que se pode designar como a fundação mística cristã: constantemente chamados ao amor de Deus pelo conjunto das Escrituras, somos convidados a dizer esse amor, a não deixar que ele se estiole por uma aproximação intelectual demais ou desesperadamente moralizante. Ele fala conosco dessa maneira, e podemos e devemos falar com ele do mesmo modo, independentemente das nossas reservas, da nossa timidez, passando pelo processo, sem nos darmos conta disso, do medo ao amor. A audácia verbal é apenas uma resposta àquele que se declarou o primeiro: "Não fomos nós que amamos a Deus, mas foi ele que nos amou" (1Jo 4,10); é ele que se aproxima da casa, que espreita através da fechadura, que bate à porta e pede para que abramos: "Eis que estou à porta e bato [...]" (Ap 3,20).

Somente agora começa uma hermenêutica mais sábia auxiliada pelos outros livros da Escritura, hermenêutica fundada por Orígenes e que os Padres da Igreja desenvolveram e aprofundaram. Por acaso, já o profeta Oseias não tinha falado longamente da aliança como um verdadeiro casamento de Deus com seu povo? Cada uma das uniões amorosas do Cântico não é evocada pelas imagens de um manjar delicioso e de uma bebida inebriante? A eucaristia não nos foi dada pelo Senhor Jesus como pão e vinho, que são verdadeiramente seu corpo, sua carne e seu sangue? Todas as imagens do Cântico, imagens detalhadas dos corpos, as paisagens da natureza e as construções que encontramos serão agora perscrutadas e colocadas em paralelo com outras descrições, outros quartos, outras montanhas, outras vinhas e outras figueiras tiradas das imagens proféticas e sapienciais das Escrituras ou do Evangelho.

O amor em primeiro lugar

Nenhuma criança no horizonte, nenhuma família vista como pilar de uma sociedade a ser construída, nenhuma descendência. O amor de que se fala no poema basta a si mesmo, como dizia São Bernardo: "Ele é seu próprio mérito e sua própria recompensa [...] Eu amo porque amo. Amo para amar". Aqui, portanto, não se canta o instinto que permite à raça humana se perpetuar; também não se canta a virtude das alianças entre clãs, famílias ou tribos vizinhas que constroem a paz de um povo; não, o amor se basta, ele é bom em si mesmo.

Ele é também intransponível, e a única intervenção pessoal do autor nos diálogos é aquela que coroa o poema, como conclusão, dizendo que "o amor é forte como a morte", que "as águas das torrentes jamais poderão apagar o amor, nem os rios afogá-lo" e que ninguém pode "comprar o amor" (Ct 8,6-7).

Isso altera a situação, se o amor é "em si", se ele é para si mesmo e não para sua virtude, se todo poder aqui embaixo lhe é submisso, isso se estende até mesmo aos tsunamis e à morte. A imagem do Deus que quer assim amar seu povo e a cada um de nós é sempre renovada e completamente transformada. A aceitação dessa figura divina como o "Bem-amado", o Amante do seu povo, vem corrigir, e atém mesmo invalidar, a figura do Juiz, daquele que atribui a Lei a Moisés na terrível tempestade do Sinai; figura tão poderosa e fecunda, muito presente em certas representações religiosas. Compreendamos bem que toda imagem de Deus é idolátrica, pois mutila a divindade, e que um amante maravilhoso como o do Cântico tampouco bastaria para descrever Deus, mas é surpreendente como essa figura se concentra no amor, o amor com o qual Deus nos ama, o amor com o qual Ele quer ser amado. O profeta Oseias, o Segundo e o Terceiro Isaías (Is 54; Is 62) e Ezequiel (Ez 16) já nos haviam feito reconhecer essa face amorosa de Deus. Jesus fará ressoar poderosamente essa centralização do amor (Mc 12,28-34). Usando da mesma palavra grega *agape*, aqui e ao longo de toda a LXX, os evangelhos e todo o Novo Testamento farão dela o que se tornará a primeira das três virtudes "teologais", força que vem de Deus e que nos põe em conformidade com ele; São Paulo diz que ela é a maior das três:

> Agora permanecem fé, esperança e caridade [*agape*], essas três. A maior delas, porém, é a caridade (1Cor 13,13).

Nessa formulação tradicional, percebemos a marca quase indelével da língua latina – em razão da tradução de São Jerônimo, a Vulgata – ao longo dos quinze séculos de sua dominação religiosa na liturgia no Ocidente transmitindo a mensagem evangélica até que chegasse à língua portuguesa. A única palavra grega, *agape*, "amor", que tinha de certo modo copiado a única palavra hebraica *'ahab*, recebeu no latim pelo menos de três traduções diferentes que estão presentes na tradução latina do Cântico: *amor* (palavra poucas vezes usada no Novo Testamento); *dilectio* e especialmente *caritas*, que, com o tempo, tornou-se mais uma virtude do que propriamente amor. Emancipada da Sagrada Escritura, a teologia chega a distinguir, de maneira pertinente, e muitas vezes a opor o *eros* grego – uma palavra quase ausente da LXX e do Novo Testamento, representativa do amor de desejo, interessado, captativo – à *agape* cristã, vista como "caridade" – um amor desinteressado, oblativo.

Entretanto, a Palavra de Deus não nos propõe senão um único amor, capaz de crescer e se deixar purificar. É esse único "amor" que é celebrado por São Paulo em seu extraordinário Hino ao amor (1Cor 13) – texto mais frequentemente escolhido pelos noivos como primeira leitura em cerimônias de casamento – o amor sem o qual tudo é vão e nada tem serventia, o amor que "não passará jamais!" (1Cor 13,8).

A Primeira Carta de São João é o escrito doutrinal que traz a passagem mais decisiva quando enuncia duas vezes: "Deus é Amor" (1Jo 4,8.16). O que significa pensar Deus como amor? Os atalhos consistiriam em um engano, pois sabemos que é somente pela Cruz, no dom livremente assumido pelo Filho de Deus para morrer por nós, que nos é revelado esse Amor. Estamos, portanto, longe do clima "amoroso" do Cântico dos Cânticos. Contudo, no Evangelho segundo São João, em que é frequente esse tema, tal amor exerce uma atração poderosa. "Pensar Deus como amor não é lhe dar a Onipotência, mas colocar essa onipotência à mercê de um consentimento" (Jean Vioulac), devolvendo assim pleno valor à relação pessoal de um EU e de um TU nesse engajamento total do corpo e da liberdade que o Cântico descreve.

A última página do quarto evangelho oferece uma descrição indispensável e comovedora da necessária purificação do amor (Jo 21,15-19). Jesus ressuscitado reencontra Pedro às margens do lago. Pedro, que o negou na noite da Paixão, e a pergunta ressoa incisiva: "Simão, filho de João, tu me amas?" Nesse caso, o verbo "amar", em grego, é *agapao*, o verbo próprio para amor. Pedro responde: "Senhor, tu sabes que te amo". Mas o verbo usado na resposta de Pedro é *philo*, significando "eu gosto de ti, tenho amizade por ti, tenho estima, admiração". Jesus faz novamente a mesma pergunta, e Pedro responde da mesma maneira com mesma nuance, a mesma insuficiência do amor. Então, na terceira vez, Jesus também usa o mesmo verbo de Pedro, designando um "pequeno" amor, *phileis me*, *"gostas de mim?"*; ou seja, o que mais ama se coloca no nível do que menos ama! Pois é assim que sempre faz o Amor divino: ele vai ao encontro de sua criatura na insuficiência dela, na fraqueza de seu desejo. Mas, ao fazer isso, sendo importuno e causando pena a seu parceiro ("Pedro se entristeceu […]"), Deus o atrai e o chama justamente a fazer crescer e amadurecer seu amor, a progredir em sua direção. A missão pastoral que ele confia a Pedro, como corolário dessa confissão, manifesta a confiança que deposita nele imediatamente, sem ter esperado que seu amor fosse perfeito.

O horizonte da Encarnação

O judaísmo distribuiu firmemente os papéis: o Amante, chamado "rei" desde o começo do poema, é o Senhor; a bem-amada é Israel. Os rabinos releem nos diálogos do Cântico as etapas da história sagrada do povo eleito, a grande variação entre favorecimento e desfavorecimento, da presença e da ausência do Senhor, da procura e dos reencontros: criação, eleição, êxodo, exílio.

Para os cristãos, esse poema que canta a carne e o corpo como nenhum outro é plenamente iluminado pelo horizonte da Encarnação. E se o Senhor tem aí sempre o lugar e o papel do Bem-amado, é na maravilhosa paridade da condição humana que ele vem encontrar a bem-amada, como Deus fez em Jesus de Nazaré. Essa paridade dos bem-amados ressoa em certo número de expressões que devemos atribuir historicamente a usos culturais comuns dos povos do Oriente Próximo; justificando, por exemplo, a designação "irmã noiva", estranha para nós, que é repetida serenamente no terceiro canto. O bem-amado chama sua parceira de "irmã" cinco vezes. Por acaso, Cristo, depois da ressurreição, não se revela a Maria Madalena como um "irmão" (Jo 20,17), "o primogênito de uma multidão de irmãos" (Rm 8,29)? A tradução grega do Cântico, considerada em seu conjunto muito fiel e até mesmo literalista, reforça consideravelmente a marca da fraternidade, escolhendo "meu bem-amado" para traduzir a palavra-refrão *dodi*, uma palavra grega rara e desconhecida fora desse texto, mas que se compreende sem esforço: *adelphidos*, "irmãozinho", diminutivo de *adelphos*. "Irmão, irmã" foi por muito tempo a designação comum dos discípulos de Cristo entre si, como o assevera todo o Novo Testamento. O Verbo feito carne, o Filho de Deus vindo na carne, dá consistência e sentido a essa fraternidade, que é proposta como pedra saliente (pedra a partir da qual é possível fazer nova construção).

Outra palavra com forte ressonância evangélica está também presente na designação mais frequente da bem-amada como "minha amiga", "minha companheira", em hebraico *ra'eyat*, literalmente, "minha próxima"; sendo que a palavra "próximo", com sentido generalizado, designa todas as "relações" de uma pessoa: o amigo, o vizinho, o compatriota. A tradução do termo em grego apresenta-se de forma bastante literal *he plésion mou*, "minha próxima", "minha bem próxima". Quem valorizou em seu ensinamento o mandamento do amor ao próximo mais que

Jesus, declarando-o "semelhante" ao mandamento do amor de Deus (Mt 22,39)? Em *Lucas*, Jesus demonstra isso por meio da parábola do Bom Samaritano. Os Padres da Igreja reconheceram no personagem do samaritano o Filho de Deus vindo na carne e que "se tornou próximo" da humanidade ferida (Lc 10,36).

Em um poema à primeira vista bem distante das preocupações morais e teológicas dos evangelhos ou das epístolas, essas denominações fornecem pontos de ancoragem para uma leitura alegórica mais aprofundada. Junta-se a isso a temática pastoral, frequentemente presente nas parábolas de Jesus, como a das refeições, das núpcias, do vinho, outras tantas ocasiões de aproximação e de comentários.

Como já vimos, o Cântico dos Cânticos não fala da fecundidade carnal da união conjugal, mas canta o amor com tal fervor que seus leitores captam a superação que acontece na aventura do amor. Desde as primeiras páginas do Gênesis, o casal humano tem um perfume de paraíso que beira o infinito. No meio da Bíblia, o Cântico insiste que a procura não deve cessar ao longo do caminho, que o amor vale muito mais que um casamento de conveniência. E, no fim da Bíblia, o livro do Apocalipse canta as núpcias do Cordeiro com a Nova Jerusalém, "pronta como uma esposa que se enfeitou para seu marido" (Ap 21,2). Orígenes faz disso a seguinte síntese: "Situado no meio da Bíblia, o Cântico sustenta em seu ponto mais alto a grande imagem fundamental que vai desde os primeiros capítulos do Gênesis até o último do Apocalipse: a humanidade se tornando a esposa de Deus!"

A aventura do amor está no início, no meio e no fim da história da humanidade, do mesmo modo como constitui a trama da vida de cada pessoa.

10
A recepção do Cântico

O fenômeno mais surpreendente na recepção deste livro é, sem dúvida, o fato de ter sido incluído nas Sagradas Escrituras! Isso demonstra sua força. Tal recepção, considerada um enigma ou um equívoco aos olhos dos exegetas de hoje, não chegou a ser um incômodo nos primeiros dezoito séculos de leitura judaica e cristã. Sem voltar à discussão das interpretações, lembremos as duas vias opostas de abordagem do Cântico. Para uns, a leitura alegórica, como primeira, original e até mesmo única – que vê cantada nesse poema a aliança de Deus com o povo de Israel – pode explicar a presença do Cântico entre os livros sagrados. Para outros, a leitura alegórica é apenas secundária, consequência da "canonicidade" concedida ao livro, a qual, por sua vez, repousa sobre o grande valor antropológico da sexualidade. Além disso, para o reconhecimento do Cântico, certos pesquisadores sublinham o papel que pode ter exercido o importante texto de Gênesis 2-3, objeto de tantas reflexões, pelo qual, desde as primeiras páginas da Torá, o casal humano se encontra investido de uma atenção evidente.

Mas a "canonicidade" é, com toda certeza, um conceito que projetamos retrospectivamente de maneira demasiado rígida "na Bíblia", vista como um bloco claramente instituído. No fim do século I da era cristã, o historiador judeu Flávio Josefo evoca uma lista de vinte e dois livros bíblicos (o número das letras do alfabeto hebraico): cinco livros da Lei; treze Profetas e quatro "outros", dos quais diz "que contêm hinos a Deus e preceitos morais para os homens" (Contra Apião, I, 39-40). Ora, é claro que a Lei de Moisés, a Torá, goza de um estatuto mais elevado que os Profetas e os outros livros, ou seja, a leitura dos segundos na liturgia é indexada ao desenvolvimento dos primeiros. A própria designação habitual da tradução grega como "Setenta" contribui para uma confusão, pois essa palavra, abreviada como LXX, na verdade não exprime senão a empresa inicial, ou seja, a tradução da Torá ao grego feita pelos escribas alexandrinos no século III a.C., e não concerne senão ao Pentateuco, enquanto a tradução ao grego de todo o conjunto dos livros da Bíblia se estende em seguida por mais três séculos. Os chamados "Escritos", a última categoria, é um grupo heterogêneo formado por livros de caráter periférico, que abarca obras muito diversas como narrações históricas, hagiográficas, sapienciais e outras. É dessa última categoria que fazem parte os quatro "outros livros" em questão: presume-se muitas vezes que se trata dos Salmos, "hinos a Deus"; e, para os "preceitos morais", das três obras atribuídas a Salomão, isto é, Provérbios, Eclesiastes e o Cântico.

No judaísmo

O elemento invocado mais vezes para mostrar certas reticências na recepção judaica do Cântico é o diálogo registrado em nosso primeiro capítulo a propósito da assembleia de Jâmnia, no ano 90 d.C. Um marco histórico incontestável é, entretanto, o fato de que o *Cântico* já estava na biblioteca de Qumran no século I d.C., onde foram encontrados quatro exemplares do livro. Em vista das concepções morais muitos rigorosas daquele grupo religioso em matéria de sexualidade, não há dúvida de que a leitura do livro por parte deles era alegórica.

No início do século V, Teodoro de Mopsuéstia afirmava que nem os judeus nem os cristãos faziam leitura litúrgica desse texto. É difícil saber em que época a leitura do Cântico foi adotada para a festa da *Pessach*, a Páscoa, cabendo-lhe integrar as antigas edições da Bíblia hebraica como o primeiro dos cincos chamados "rolos", os *megillat*, antes do de *Rute* (livro lido para *šabúa'*, a festa das Semanas), do das *Lamentações* (lido para a recordação da destruição do Templo, Ab 9a), do de Eclesiastes (*Sukkah*, a festa das Tendas) e do de *Ester* (Purim). A designação de *megillat* para todos eles, e nessa ordem litúrgica, é atestada a partir do século IX.

No quadro da assembleia de Jâmnia, Rabi Aqiba deixou o testemunho mais célebre sobre o valor inestimável do Cântico, quando declarou: "No mundo inteiro foi incomparável o dia em que o sublime *Shir ha-Shirim* (isto é, o Cântico dos Cânticos) foi transmitido a Israel, pois todas as Escrituras são santas, mas o *Shir ha-Shirim* é a mais santa das Escrituras" (*Talmud*, Tratado *Yadaïm* III,5). Reconhece-se a interpretação "superlativa" que valia já para o título da obra: "Canto dos Cantos", o mais belo dos cantos. Igualmente elogioso foi o testemunho de Rabi Eleazar ben Azaria, que via no Cântico "a flor de farinha do trigo da sabedoria de Salomão".

Dos comentários, muito numerosos ao longo de toda a tradição judaica e retomados constantemente, só podemos retirar alguns. A linha de interpretação predominante é claramente alegórica. Eis um exemplo típico:

> Foi dito: "Meu Bem-amado desceu ao jardim, aos terrenos perfumados, foi pastorear nos jardins" (Ct 6,2). Como pode ser que depois de ter falado de um jardim se trata agora de vários? "Meu Bem-amado" é o Eterno; "desceu ao jardim" significa o universo; "aos terrenos perfumados" é Israel; "para pastorear seu rebanho nos jardins" são as nações do mundo (*Talmud*, Tratado *Berakoth* II,8).

No *Targum*, e também no *Midrash*, a interpretação do poema é histórica de ponta a ponta. Os diálogos do Cântico vêm de alguma forma pontuar e ilustrar a história sagrada, como nas palavras postas na boca da Comunidade de Israel no momento do dom da Lei:

> Sustentai-me com as palavras da Lei, pelas quais o mundo se sustenta, e ponde no meu coração o manto da interpretação das palavras santas, que são doces ao meu paladar, como os frutos do jardim do Éden. Eu as meditarei de tal sorte que ficarei curado, pois estou doente de amor (cf. Ct 2,5).

Devemos assinalar o lugar privilegiado do Cântico nos comentários de inspiração mística ou esotérica da Cabala, particularmente no *Zohar*, o *Livro do Esplendor*, uma obra medieval inspirada na tradição. Esse livro começa com uma citação do Cântico:

> "Como a rosa no espinheiro é minha amada entre as donzelas" (Ct 2,2). O que é a rosa? É a Comunidade de Israel [...] Assim como a rosa está rodeada de espinhos para elevar seu preço, Israel foi colocada por Deus no meio dos espinhos, quer dizer,

entre os Egípcios, e, poderíamos acrescentar de modo mais geral, no meio das setenta nações, quer dizer, o conjunto de todos os povos da terra (Zohar II,18b).

Depois desse começo, bem conforme a linha midráshica, vêm especulações mais ambiciosas que fazem do Cântico um cimo intransponível:

> O Cântico dos Cânticos é o resumo de toda a Escritura Sagrada, de toda a obra da criação, o resumo do mistério dos patriarcas, o resumo do exílio no Egito, da libertação de Israel e do cântico cantado na hora da passagem pelo Mar Vermelho, o resumo do Decálogo e da aparição no monte Sinai, assim como o resumo de todos os acontecimentos que se deram em Israel durante sua permanência no deserto até a construção do Templo; o resumo do mistério do Nome sagrado e supremo, o resumo da dispersão de Israel no meio dos povos e de sua libertação, o resumo enfim da ressurreição dos mortos e dos acontecimentos que ocorrerão até o dia chamado "Sábado do Senhor". O Cântico encerra tudo o que existe, tudo o que existia e tudo o que existirá. Todos os acontecimentos que se darão no sétimo milenário, que é o Sábado do Senhor, estão resumidos no Cântico dos Cânticos (Zohar II, 144).

Também se lê ainda com fervor e piedade esse poema insuperável como introdução ao shabbat, cada sexta-feira à tarde, na tradição sefardita. Por quê? Segundo uma parábola registrada pelo Zohar, como o santíssimo dia do sábado, diferente dos seis primeiros dias que se juntam em pares, não tinha à sua frente nenhum outro dia para lhe fazer companhia, ele se queixou dessa solidão ao Eterno. O Eterno lhe deu como "noiva" a Comunidade de Israel. Um canto muito estimado no judaísmo precede a leitura, o *Lechá Dodi*, composto no século XVI por Salomão ha-Lewy, um cabalista de Safed, na Galileia: "Vem, meu bem-amado [...] fica junto da noiva!" As nove estrofes, inspiradas em Isaías 51-52, cantam o despertar de Jerusalém, a restauração de Israel na glória de seu Senhor.

No Novo Testamento

Em nenhum lugar do Novo Testamento se encontra alguma citação explícita do Cântico, mas é difícil negar que o poema tenha inspirado o redator do relato da aparição do Ressuscitado a Maria Madalena na manhã da Páscoa (Jo 20,1-8). Na cena, ela aparece correndo, quando ainda era noite, à procura de Jesus, de seu "corpo". Ela fala a Pedro e ao outro discípulo, como a bem-amada interrogava os guardas que encontrou na cidade. Na hora do encontro, evidencia-se sua possessividade; ela expressa o desejo de abraçá-lo, de levá-lo embora, não ao quarto da casa de sua mãe, mas de um modo que o Ressuscitado deve transformar, livrando-a desse desejo de segurá-lo – "não me retenhas", dizendo literalmente "não me toques"–, para que ela o deixe ir, como faz a bem-amada, dizendo no último verso do Cântico: "foge, meu bem-amado [...]" (Ct 8,14). Essa mudança da procura amorosa não é descrita e contada em nenhum lugar de modo melhor do que neste relato, mas se dá muitas vezes no evangelho e em outros escritos do Novo Testamento quando se trata da ágape, o amor que vem de Deus e que leva a Deus, como vimos ao lembrar o encontro do Ressuscitado com Pedro, em João 21.

O registro nupcial é importante ao longo de todos os evangelhos. Bem no início de sua vida pública, Jesus, visto como um "rabi", um mestre que ensina, faz uma exposição desconcertante ao ser interrogado sobre um ponto de doutrina. Ele é categórico ao se apresentar não como um simples rabi, mas como "o esposo", o noivo no dia de suas núpcias (Mc 2,18-20). A designação do Messias, do Cristo esperado como *ho nymphios*, "o marido, o noivo, o esposo", está explicita em uma resposta de João Batista a seus discípulos:

> Eu não sou o Cristo, mas sou enviado diante dele. Quem tem a esposa é o esposo; mas o amigo do esposo, que está presente e o ouve, é tomado de alegria à voz do esposo. Essa é a minha alegria e ela é completa (Jo 3,28-29).

Os tons harmônicos são numerosos nos Sinóticos, nas parábolas de Jesus (as bodas do filho do rei em Matheus 22,1-4; as dez jovens em Matheus 25,1-13) e também no Evangelho de João, que apresenta as bodas de Caná (Jo 2,1-12) como cena inaugural da manifestação pública de Jesus.

A *ágape*, "o amor", ressoa no Evangelho de João com mais força do que nos evangelhos sinóticos; e a Primeira Carta de São João explora como nenhum outro texto a dimensão divina do amor, chegando até a afirmação extraordinária: "Deus é amor" (1Jo 4,8.16). Se convém não dissociar abusivamente essa afirmação de seu contexto doutrinal, aproximamos dela também as longas meditações teológicas de São Paulo, desde seus primeiros escritos, com destaque para o lirismo entusiasta da Primeira Carta aos Coríntios (1Cor 13). Além disso, já evocamos outros pontos de contato entre os evangelhos e o poema, como o papel único que nele têm os perfumes e a "mirra", assim como as mulheres: é sempre uma mulher que faz a unção do "Messias", do Cristo, o Ungido, o "perfumado", aquela "que muito amou" (Lc 7,47).

Os Padres da Igreja, e as leituras cristãs posteriores

Os primeiros comentários do Cântico que chegaram até nós remontam ao século III e provêm do meio alexandrino, no Egito. O de Hipólito, escrito em grego, só chegou a nós através de uma versão georgiana, esta, por sua vez, foi traduzida do armênio. Datando da mesma época, os comentários de Orígenes e suas *Homilias sobre o* Cântico tiveram uma influência determinante, tanto no mundo latino como no mundo helenófono, graças à tradução latina de Rufino no fim do século IV.

Nas edições cristãs mais antigas do corpus bíblico inteiro, os grandes "unciais" datados dos séculos IV e V, o Cântico é o último livro da trilogia atribuída a Salomão, após os Provérbios e o Eclesiastes (Coélet). Essa precisa situação do texto parece se basear em uma exegese decisiva de Orígenes, que confirma a leitura judaica do livro do poema como superlativo e vê nele o auge do ensinamento sapiencial por ser o último de sete "cânticos" bíblicos (o *Targum* traz dez), o das "núpcias", cântico que convém à alma somente na conclusão de sua instrução e de sua ascensão espiritual. Os três livros de Salomão, livros de sabedoria, *sophia*, são equiparados às três partes da filosofia grega: os Provérbios correspondem à ética, disciplina moral destinada a todos; o Eclesiastes (Coélet) corresponde à física, ensinando a distinguir o estável e o sólido em relação ao efêmero (o mundo das "vaidades"); e o Cântico corresponde à mística, que faz conhecer o amor das realidades celestes e a união com Deus. Essa exegese será em seguida constantemente retomada pelos Padres, continuando até os manuais medievais.

Orígenes afirma que o acesso ao Cântico é reservado a cristãos "prevenidos", tão grandes são os perigos de mal-entendidos dessa linguagem do "amor". Para ele, o Cântico é claramente um epitalâmio, um cântico nupcial, "sob a forma de um drama", com seus personagens – "a Esposa e seu cortejo de donzelas, o Esposo e seu círculo de jovens"–, com entradas e saídas como ocorre em um palco. Ele também não deixa de sublinhar a dificuldade de às vezes saber qual é o personagem que profere determinada réplica. Esse drama representa, além do Verbo e da alma individual, as gestas dos Esposos que são Cristo e sua Igreja (Ef 5,27). Orígenes coloca nessa análise os fundamentos de toda exegese tradicional do Cântico dos Cânticos.

No século IV, Cirilo de Jerusalém recorda aos catecúmenos a aventura espiritual do Cântico em suas *Catequeses batismais*. Os diálogos litúrgicos são compostos com palavras e situações do poema, o que dá testemunho da profunda recepção desse texto. A entrada nos aposentos do rei (Ct 1,4) e a retirada da túnica (Ct 5,3) são os gestos realizados pelos próprios catecúmenos no batistério; enquanto a veste branca, com a qual será vestido o neófito, recorda a subida final da bem-amada no texto grego:

> Quem é essa que sobe do deserto vestida de branco,
> apoiada sobre seu doce irmão? (Ct 8,5, LXX).

Essa exegese sacramental vai irrigar profundamente o mistério cristão. Ela será retomada e amplificada no rito de consagração das virgens, o que manifesta de uma maneira teologicamente muito justa que a profissão religiosa não é mais do que a atualização do batismo.

Com muita razão, são célebres as *Homilias sobre o* Cântico dos Cânticos do bispo São Gregório de Nissa, na Capadócia, atual Turquia, escritas no fim do século IV! Ao sublinhar a repetição dos apelos do Bem-amado, "levanta-te [...] vem" (Ct 2,10.13), ele demonstra uma visão que será marcante para o cristianismo e particularmente para a vida monástica, que procura o aperfeiçoamento espiritual: a do progresso infinito da alma, que não cessa dia após dia de se levantar e de avançar, sempre começando novamente, sem jamais se esgotar o espaço de nossa corrida rumo a Deus.

Se outros bispos, como Cipriano e Ambrósio, esforçam-se para reconhecer a Igreja na bem-amada e identificá-la com as diversas ordens eclesiásticas, doutores, bispos, confessores da fé e leigos como sendo os membros do corpo da bem-amada que o Cântico descreve; os monges, por outro lado, veem nela facilmente a alma do cristão e sua história pessoal. Assim, para Nilo de Ancira, a bem-amada não é uma virgem pura na vigília das núpcias reais, mas uma prostituta perdida na idolatria que deve se converter. Uma exceção importante a assinalar é que o grande e prolixo Santo Agostinho, o doutor do Ocidente cristão, não deu muita atenção ao livro do Cântico *dos* Cânticos, que ele julgava "enigmático". Pode ser que ele se expressava como um homem precavido, considerando que sua experiência inicial nos desvios da carne, que ele mesmo relata em suas *Confissões*, mantinham-no distante de um poema cheio de paixão. Pode-se também ver nisso o eco oblíquo de uma teologia muito cuidadosa em defender dogmaticamente, contra as heresias daquele tempo, o conceito de "pecado original" associado ao primeiro casal humano e, com isso, à sexualidade.

No decorrer dos séculos, o Cântico se tornou o itinerário espiritual obrigatório dos monges e das monjas, tanto que os comentários monásticos na Idade Média são numerosos e repetitivos. É difícil imaginar o lugar dado a esse texto na literatura espiritual desse período. É apenas a partir da renovação teológica e monástica no século XII, com o gênio de um São Bernardo de Claraval ou de um Guilherme de Saint-Thierry; de uma Hildegarda de Bingen ou de uma Gertrudes de Helfta, que os monges farão ecoar novamente a força impressionante desse poema, sem o temor de beber também na fonte viva dos comentários de Orígenes e dos Padres da Igreja. Sem interrupção, da Idade Média até nossos dias – com Teresa d'Ávila, Francisco de Sales, Maria da Encarnação e Terezinha do Menino Jesus – e até a época contemporânea, o Cântico alimentou a experiência espiritual dos santos.

Reescrituras místicas e litúrgicas

Onde se situa a impressionante apropriação do Cântico feita por São João da Cruz (1542-1591) no século de ouro da Renascença espanhola? Na mesma linha dos monges e contemplativos que o precederam? Como não reconhecer nele um gênio totalmente singular, o que lhe vale um lugar único na história da literatura? Seu *Cântico Espiritual* e o conjunto de sua obra são constantemente irrigados pelo *Cântico*, e sabemos que é também o Cântico dos Cânticos que ele pediu no leito de morte, as únicas palavras que ele considerava apropriadas para sustentá-lo.

Na verdade, São João da Cruz não faz um comentário do Cântico dos Cânticos nem o reescreve; ele o vive e experiencia com uma acuidade de percepção tão excepcional que engendra um texto-fonte, nutrindo gerações de cristãos, em primeiro lugar para a Ordem dos Carmelitas que ele poderosamente reformou pelo exemplo de sua vida e por seus escritos, apesar de suspeito e desconsiderado em vida.

Nos primeiros séculos cristãos encontramos traços de um fenômeno semelhante, antes mesmo das paráfrases monásticas mais ou menos originais do Cântico. O trabalho de reescritura sempre aconteceu na liturgia, quando as palavras do poema bíblico foram usadas para fazer um catecúmeno ou uma monja dialogar com o Senhor no dia de sua vestição. É o mesmo movimento que, a partir dos Salmos, põe nos lábios de cada geração novas preces e, a partir do Cântico, faz surgir em um coração amoroso palavras dirigidas ao Cristo, ao Bem-amado. O texto sagrado fornece a ideia, um esboço, palavras, imagens, e vimos essas últimas são ricas.

Na primeira metade do século II d.C., as *Odes de Salomão* são um testemunho dessa proximidade dos registros da oração, do louvor, do hino e do discurso de amor, o que reconhecemos como a "base mística cristã": o orante cristão faz sua, de forma pessoal, uma invocação consagrada pelas palavras da Sagrada Escritura proclamadas na liturgia. A conclusão da Ode 5 é característica: "Pois o Senhor está comigo, e eu estou com ele". Embalado pelo contexto, é impossível não escutar a fórmula de intimidade amorosa repetida em Cântico 2,16 e paralelos: "Meu amado é meu, e eu sou dele". Ao mesmo tempo, o que há de mais estritamente canônico do que essa fórmula de aliança aplicada ao povo pelos profetas de Israel? Podemos situar em um movimento semelhante numerosos hinos das liturgias siríacas e etiópicas, como este extrato de um Ofício da Ascensão:

> Filhas de Jerusalém, onde tendes visto o Esposo-Rei? Terá ele subido para sua casa? Eu o procurei muito, mas não o encontrei. Eu fui atingido pelo mal do amor por ele, meu Esposo, e o procuro. Eu o amo, porque é o mais belo entre todos.

A obra hinográfica de Santo Efrém, o Sírio, chamado "cítara do Espírito Santo", é significativa, assim como a de Jacques de Saroug no século V. São obras fundacionais para todo o Oriente cristão, pois se inspiram no Cântico, em suas paisagens, seus jardins, nos perfumes, na busca por repouso, na experiência do amor. Nos hinos etiópicos notamos a importante presença da alusão a Maria que é outro domínio de grande riqueza. Como na tradição egípcia (copta), a liturgia etiópica aplicou com predileção à Virgem Maria os elogios que vinham da boca do Bem-amado. Leituras marianas do Cântico estão presentes desde os comentários dos primeiros Padres, mas seu caráter alegórico ficou marcado excessivamente, assim as interpretações às vezes ficaram forçadas e discutíveis, bem distantes do sentido original. Na liturgia, ao contrário, a leitura marial encontra uma expressão mais flexível porque uma única palavra dentro de uma antífona ressoa amplamente, mesmo se estiver distante de todo contexto. É o caso, por exemplo, do que ficou no Ofício da liturgia romana até hoje para a festa da Imaculada Conceição:

És toda bela, minha amada, e não há defeito algum em ti (Ct 4,7).

E para a festa da Assunção:

Quem é essa que sobe do deserto? (Ct 8,5).
Quem é essa que desponta como a aurora, bela como a lua, fulgurante como o sol, terrível como esquadrões? (Ct 6,10).

Uma imagem e uma palavra se carregam de múltiplas harmonias bíblicas, sem precaução de coerência explicativa dentro do conjunto.

Diante da profusão litúrgica do Oriente, façamos uma pergunta em relação à atualidade: o que sobra hoje, em nossa liturgia ocidental, do Cântico dos Cânticos?

Pouca coisa, na verdade. Quase nada. É o que precisamos reconhecer. Como se o silêncio de Agostinho sobre o Cântico tivesse derramado uma mancha de óleo no espaço litúrgico.

A leitura do próprio texto é raríssima. O Cântico não é ouvido aos domingos na missa ou nas grandes solenidades, apenas uma vez por ano, em um dia de semana, na aproximação do Natal, em 21 de dezembro (Ct 2,8-14), a vinda do Bem-Amado. Essa mesma leitura também é proposta para missas votivas, casamento, consagração religiosa, festa da Visitação e de Santa Maria Madalena.

Outro trecho do Cântico é proposto para ser lido, proposta totalmente periférica e aleatória, para o Comum das Virgens, das religiosas ou as de vida consagrada (Ct 8,6-7), dois pequenos versículos sapienciais apenas, certamente extraordinários: "o Amor é mais forte que a morte [...]"!

A Liturgia das Horas conservou um patrimônio um pouco mais significativo de referências através de um breve "cântico", extremamente entrecortado (Ct 2,10.14; 4,8-9.11-12.15), e algumas antífonas e responsos para a memória das Virgens e as festas da Virgem Maria.

Não é aqui o lugar para explicar como se pôde realizar essa quase-amputação da liturgia dos cristãos do Ocidente, nem de descrever o estreitamento simbólico que isso representa, mas que ao menos seja permitido, a um monge, pensar que isso é sem dúvida uma perda prejudicial para a vitalidade cristã.

11
O Cântico, chaves para compreender nossa cultura

Em relação a esse livro, seria pena considerar de forma particular a palavra "cultura" em um sentido demasiadamente redutor. O domínio artístico, no interior do qual se encontram ecos do poema tanto em épocas passadas como na criação contemporânea, não é suficiente para falar do impacto do escrito bíblico na sensibilidade humana, profana ou religiosa. Essa inscrição cultural se mostra mais profunda e determinante.

Lugar da sexualidade humana

O Cântico mostra uma visão do casal humano com a qual convivemos hoje. A despeito de sua marginalização doutrinal, esse poema, já por sua simples presença no cânon das Sagradas Escrituras, tem impedido todo moralismo religioso, seja ele católico ou reformado, evitando de se esclerosar em um puritanismo redutor. O que foi chamado um pouco precipitadamente de "libertação sexual" e as convulsões sociais que ela gerou depois de meio século não fazem senão tornar mais saliente a "saúde" da evocação bíblica que o Cântico apresenta, ou seja, uma sexualidade feliz, destinada ao bem-estar humano e não cumulada *a priori* de pavor e maldição.

O Cântico canta a sexualidade e também o estado conjugal, presente explicitamente na figura central das núpcias no terceiro canto, mas o eco social e familiar dessa aliança entre um homem e uma mulher não é senão um pano de fundo distante. Um dos apêndices finais do poema já parece uma correção a esse aparente descuido:

> Nossa irmã é pequenina e ainda não tem seios.
> Que faremos à nossa irmãzinha quando vierem pedi-la?
> Se é muralha, nela faremos ameias de prata,
> e se é porta, nela poremos pranchas de cedro.
> – Eu sou muralha e meus seios são torres.
> Aos seus olhos, porém, sou aquela que encontrou a paz (Ct 8,8-10).

A advertência é bem clara e faz eco ao início do primeiro canto:

> Os filhos de minha mãe se voltaram contra mim,
> fazendo-me guardar as vinhas,
> e minha vinha, a minha [...] eu não a pude guardar (Ct 1,6).

A liberdade de que a jovem gozará no próprio seio de seu clã depende de sua "guarda" pessoal, ou seja, seus irmãos "farão ameias de prata" na muralha que ela conseguirá estabelecer, mas eles "trancarão" com pranchas de cedros a porta que ela deixaria bater a todo vento.

Entretanto, é necessário ressaltar um detalhe: o texto hebraico em Cântico 8,10 diz: "A seus olhos sou aquela que encontrou a paz", no singular. Um singular que as versões antigas não mudam para o plural, um singular que também os exegetas não corrigem. Se não se trata dos irmãos, de quem se trata então?

Devemos observar que aquela que "não tinha ainda os seios formados", fala de seus seios como de "torres" de sua muralha. Portanto, foi somente no dia em que tomou a palavra que ela se transformou de forma evidente: o singular agora designa o bem-amado e diante de seu olhar ela "encontrou a paz". Essa mulher não deixa para seus irmãos a responsabilidade de sua guarda, mas a reivindica para si mesma, pois é só assim que ganha a estima de seu bem-amado. Quanta modernidade!

No livro escrito em parceria com Paul Ricoeur, *Penser la Bible* (Paris, 1998), André Lacocque vê do começo ao fim do Cântico a obra de uma mulher que mostra, contra o moralismo "burguês" de seu meio, uma liberdade insólita, "subversiva". É arriscado querer qualificar a intenção de um autor vinte e cinco séculos depois, porque nós, leitores, também estamos impregnados de um espírito da época, de um senso moral, de uma concepção de sexualidade que é tudo menos atemporal. A bem-amada é seguramente aquela que se expressa mais vezes no livro, que guia o leitor na história desvendando seus sentimentos e também sua confusão. Mas nossas demandas contemporâneas não são necessariamente as do autor do poema.

Vemos aqui como a voz do Cântico começa a ter influência vigorosa de maior alcance, até nossa época, em que as mulheres, tanto quanto os homens, reivindicam grande autonomia pessoal. O poema consagra a paridade de papéis, o que não é simetria. Ele exalta o mistério da sexualidade humana independentemente da função reprodutiva, e exalta a feminilidade independentemente da maternidade e de toda construção familiar e social que dela decorre, ainda que seja uma "santa" família.

Literatura e poesia

Além da poesia mística medieval e além de São João da Cruz, o Cântico se torna um bem comum, algo universal, religioso e profano, tanto que a posteridade do livro se torna indiscernível. Sem querer associar a ele todos os diálogos amorosos – as evocações pastoris, a simples imagem de pomba ou de gazela – fica manifesto que uma linguagem do amor, que conheceu notável êxito, foi expressa nesse livro. O próprio título teve ressonâncias brilhantes, prestando-se a múltiplas alusões e variações em registros bem diversos.

Quando Balzac dá a um de seus romances o título de *Le lys dans la valée* [O lírio no vale], é ao Cântico dos Cânticos que ele faz referência. Seu romance, que ele quer escrever como resposta às insuficiências do romance de Sainte-Beuve, intitulado *Volupté* [Voluptuosidade], é uma educação sentimental, a história de um amor apaixonado e contrariado. Contrariado precisamente pela virtude e pela religião. Madame de Mortsauf, a bem-amada, é o "lírio", ao mesmo tempo símbolo de sensualidade e de espiritualidade. A não ser que esse lírio, como o de São José, designe seu amante platônico, Félix de Vandenesse, que elaborava para ela buquês de flores silvestres. A frustração, a renúncia, estão no centro do romance, ao contrário da felicidade que domina o poema bíblico.

Em 1938, Giraudoux escreveu uma peça de teatro em um ato intitulada *Cantique des cantiques*. Trata-se do diálogo de uma separação, no cenário de um terraço de café parisiense, em que o pessoal de serviço forma o coro. A vaga alusão ao poema bíblico passa por uma exegese também vaga: "Florence", a bem-amada, está dividida entre o amor de um mecânico (o "pastor") e o amor do "Presidente" (o rei Salomão). Há apenas uma citação, bem discreta: "seus lábios são um fio vermelho"! O título é apenas um símbolo abstrato, o do próprio amor.

Ao contrário, alguns anos mais tarde, Paul Claudel "perscruta" integral e longamente o texto do Cântico. Ele o faz com seu gênio próprio, com a liberdade de poeta, a humildade do fiel e, ao mesmo tempo, como intelectual exigente, rebelando-se contra muitas imagens, das quais denuncia o "bizarro, o incongruente e o incoerente". Mostra grande estima pela Vulgata, mas presta também muita atenção ao hebraico e ao grego; fulmina os exegetas literalistas, posiciona-se contra a pesquisa histórico-crítica e sobretudo vibra pelo caminho da alegoria mística, única via possível, pois "é evidente que para fazermos a descrição de um corpo de mulher não temos necessidade do Espírito Santo". Por isso, ele perscruta pacientemente os comentários dos Padres e contempla implicitamente a Virgem Maria na bem-amada do poema.

Do canto à música

Em todas as épocas, o Cântico dos Cânticos tem inspirado um impressionante número de compositores. Para só falar de alguns dos maiores, citemos, a partir do século XVI, Orlando di Lasso, Palestrina, Monteverdi, Schütz, Buxtehude, Purcell, Bach, até Benjamin Britten no século XX.

Entre as obras presentes nesse grande tesouro, falaremos um pouco sobre duas que marcaram a história da música. Primeiro, Vésperas da Santa Virgem (1610), de Monteverdi. O Cântico está presente na liturgia: várias antífonas latinas tradicionais para a Virgem Maria (e das Virgens em geral) são tiradas do

Cântico; como exemplos temos o *Nigra sum*, "Sou morena [...]", e o *Pulchra es*, "Tu és bela [...]". Monteverdi desenvolve aqui uma concepção musical nova, original, que abre o caminho à eflorescência da Renascença.

A segunda obra é a abertura da *Paixão segundo São Mateus* (1727), de Johan Sebastian Bach. De modo inesperado, uma alusão ao Cântico abre a narração da Paixão. Um primeiro coro canta: "Vinde, minhas filhas, gemei comigo, vede!" E um segundo coro pergunta: "Quem?" O primeiro responde: "O noivo. Vede-o!". Esse diálogo continua enquanto se faz ouvir O *Lamm Gottes unschuldig* (Ó Cordeiro de Deus inocente) em contraponto, cantado por parte do coral. Esse papel paradoxal do poema de amor para iniciar o mistério cristão permite-nos imaginar a profundidade de sua presença no sentimento religioso de seu autor.

O Cântico ainda suscita grande interesse e ainda hoje as criações se sucedem sem descanso: leituras públicas, recitais, concertos, composições musicais. Lembremos alguns registros que expressam o interesse popular, não apenas elitista, de que goza o poema: em grego, Irene Papas e Vangelis (1986); em francês, Alain Bashung e Chloé Mons (2001) e mais recentemente o grupo Glorious.

A imagem problemática

Se a música se encanta livremente com o Cântico, as artes plásticas, pelo fato mostrar imagens, traduzem inevitavelmente a relação particular de cada época com esse domínio ultrassensível que é a sexualidade. Com certeza, o "nu" é um exercício obrigatório da formação clássica em Belas Artes, mas é muito difícil pintar pudicamente o desejo dos corpos apaixonados.

A tirada do *Tartuffe* de Molière "Escondei esse seio que não poderei ver!" é muito conhecida e dialoga de forma bastante direta com o modo como o Cântico foi ilustrado na arte sacra até os últimos decênios. Esse poema, muito rico em imagens e mais livre do que qualquer outro, não encontrou seu lugar nos grandes "livros ilustrados" que eram os vitrais da Idade Média ou da Renascença. Raramente é mostrado nas iluminuras, a menos que os tesouros dos manuscritos antigos estejam ainda em parte escondidos. Nas ilustrações religiosas, em todas as épocas da história, podemos ver diversas vezes representados Adão, Eva e a serpente, mas o Salomão do Cântico e a Sulamita aparecem muito pouco. Quando aparecem, estão vestidos com roupas aparatosas, ou seja, aprovam-se as núpcias reais, mas as brincadeiras amorosas ficam de fora. Nenhum "Fragonard" ou "Renoir bíblico" se destacou. Em meados do século XIX, quando o pintor Gustave Moreau (1826-1898) dá a um de seus *tableaux* o título de Cântico dos Cânticos, estamos em presença de uma composição monumental de $9\,m^2$, muito teatral e ricamente adornada, que não saberíamos identificar com o poema bíblico sem ler com atenção a legenda no cartão (Museu de Belas Artes de Dijon). De fato, a cena representada em nada é emblemática do poema: é a agressão sofrida pela bem-amada por parte dos guardas da cidade, alguns soldados visivelmente bêbados. Quarenta anos mais tarde, reconhecido como um dos mestres da corrente simbolista, ele volta ao tema, pintando uma beleza nua, um pouco inquietante, intitulada *a Sulamita*. A semelhança indiscutível dessa "mulher fatal" com outras telas que mostram *Salomé* dançando diante de Herodes mostra a distância em relação ao poema. É forçoso reconhecer que, em pintura como em literatura, já no século XIX o

Cântico ou a Sulamita se tornaram pretextos, mais do que referências aprofundadas.

Bem diferente e original é a obra de F. Kupka (1871-1957). Esse pintor tcheco chegou a Paris na virada do século. Convidado por um amigo que estava trabalhando em uma adaptação do Cântico para o palco, de 1905 a 1909, esse artista anticlerical empreendeu uma série de mais de uma centena de ilustrações, croquis e aquarelas, com um estilo marcado pelo simbolismo e por motivos decorativos de um Oriente totalmente arqueológico e imaginário. Ocupado com seu tema, Kupka estudou o hebraico para inserir algo do texto caligráfico em sua obra. O livro que havia sido projetado na ocasião só foi publicado em 1931. Inicialmente próximo dos cubistas, Kupka tornou-se entretanto, a partir de 1910, um dos pioneiros da abstração.

Marc Chagall (1887-1985), em sua obra dos anos 1950 a 1960, intitulada *Mensagem Bíblica* e apresentada ao museu que lhe é consagrado em Nice, dá um lugar de destaque ao Cântico: cinco grandes quadros entre os dezessete que compõem o conjunto, sem contar múltiplos esboços e desenhos, com uma perspectiva profundamente religiosa. Os traços de seu judaísmo fervoroso e do mundo de sua infância na Bielorrússia estão presentes nessa obra onírica, cujas cores dominantes são tons de carne e de terra, róseo, vermelho e púrpura. Além de numerosas representações da mulher e do casal, percebe-se a cidade santa, Jerusalém, que é ao mesmo tempo Vitebsk, sua cidade natal, e Vence, a cidade francesa onde vivia, além de flores, gazelas e uma "égua" alada que leva os amantes ao céu.

As mais belas ilustrações do nosso livro bíblico talvez não devam ser procuradas na esfera propriamente religiosa. Durante o verão de 1888, Vicente Van Gogh escreve: "O estudo da cor. Sempre guardo a esperança de encontrar mais alguma coisa aí dentro. Poder exprimir o amor de dois apaixonados por um casamento de duas pessoas complementares, seus encontros e suas oposições, as vibrações misteriosas de tons aproximados" (Carta a Théo 531, agosto de 1888, Arles). No maior frio do inverno 1889-1890, ele pinta La Méridienne, um casal de ceifeiros, cuja idade não se pode definir, descansando lado a lado à sombra de um monte de feno, em um matrimônio maravilhoso de duas cores complementares, o azul e o amarelo ouro. Para perceber a transfiguração realizada por suas cores "amorosas" basta lançar um olhar no quadro La Sieste, de Millet, que lhe serviu de modelo.

Assim também é La Danse, de Matisse, celebrando a alegria encantadora dos corpos nus entre o céu e a terra com uma simplicidade e uma força inigualáveis, sem que a nudez tenha algo de impudico e que a espiritualidade tenha algo de pesado. Intemporal, como o extraordinário poema bíblico.

Conclusão

Ao longo de todo este estudo, para não desviar do propósito não pude citar tão amplamente quanto teria sido necessário os próprios autores espirituais, os santos, os poetas, os teólogos, nem mesmo abrigar minhas próprias reflexões debaixo de uma "pequena extremidade do guarda-chuva" acolhedor de um autor que muito amo. Para concluir, que me seja permitido então não fechar os imensos horizontes do Cântico, mas abrir meu coração e o coração do leitor, deixando a palavra a duas vozes celibatárias mas amorosas, a de uma poetisa, Marie Noël, e a de um teólogo, Pierre Teilhard de Chardin:

> Por mais eloquente que seja, nenhuma palavra é por si mesma a Poesia. "A Poesia nada tem a dizer". Mas quando acidentalmente ela se põe a cantar e a dançar com as palavras, o sentido que às vezes aí se aloja pede emprestada sua cor à alma. Como "[...] o vento vem à erva e o vermelho à cereja", a fé, a esperança e o amor – quando a gente os tem – vêm aos poemas. Quando escrevo versos, quando canto, não me preocupo nem com Deus, nem com meu próximo, nem com o apostolado, nem com algum bem a fazer [...]; contudo, em nenhum outro momento me sinto mais

perto de Deus e submissa a meu Criador do que nesses instantes de livre canto. E eis, sem dúvida, o porquê: é porque Deus é belo (Carta a Mademoiselle Chalendar, set. 59).

Um dia, quando tivermos dominado os ventos, as ondas, as marés e a gravidade, exploraremos a energia do amor. Então, pela segunda vez no horizonte do mundo, o homem terá descoberto o fogo (Teillard de Chardin, *La place de l'homme dans la nature*/O lugar do homem na natureza).

Anexos

Correspondências bíblicas

Os principais livros bíblicos relacionados com o Cântico dos Cânticos:

Gênesis: Gn 1-3: "Deus criou o homem à sua imagem […], homem e mulher ele os criou" (Gn 1,27); "Um homem deixa seu pai e sua mãe e se une à sua mulher, e eles se tornam uma só carne. Os dois estavam nus, o homem e sua mulher, e não se envergonhavam" (Gn 2,24-25).

Oseias: "Eu te desposarei a mim para sempre […] e conhecerás a Javé" (Os 2,21-22).

Isaías: "Meu amado tinha uma vinha" (5,1). "Teu esposo será teu criador" (54,5). "Javé terá prazer em ti e se desposará com tua terra" (Is 62,4).

Ezequiel: "Era o teu tempo, tempo de amores […] e te tornaste minha" (Ez 16,8).

Salmos: o diálogo interpessoal, Eu/Tu, no coração da prática do fiel, em particular no Salmo 119 (118).

Provérbios: Provérbios 1-9; Provérbios 31 e provérbios esparsos formam um verdadeiro contraponto do Cântico quanto ao retrato da mulher ideal: a sedutora é votada à abominação e as mulheres só têm lugar como esposas obedientes e mães laboriosas.

Evangelhos sinóticos: Jesus se apresenta como "noivo" (Mc 2,18-20par.).

O amor posto como centro, como primeiro (Mc 12,28-34par.).

As parábolas de Jesus (as bodas, a vinha, a figueira).

A unção por uma mulher (Mc 14,3-9par.; Lc 7,36-50).

Evangelho de João: As bodas em Caná (Jo 2,1-12).

A unção em Betânia (Jo 12,1-8).

Maria Madalena (Jo 20,1-18).

"Simão, tu me amas?" (Jo 21,15-19).

Primeira Carta de São João: "Deus é amor" (1Jo 4,8.16).

Primeira Carta aos Coríntios: O hino ao amor (1Cor 13).

Carta aos Efésios: A oferta de Cristo "como um perfume" (Ef 5,2).

"Cristo amou a Igreja" (Ef 5,25).

Apocalipse: "Eis que estou à porta e bato [...]" (Ap 3,20).

"Jerusalém [...] bela, como uma esposa para seu marido" (Ap 21,2).

Cronologia

Século X a.C.	Reinado de Salomão em Israel. Ele se casa com a filha do Faraó, rei do Egito, talvez o Faraó Psusennes II, último rei da 21ª dinastia.
Por volta de 930	Divisão de Israel em dois reinos: Judá ao sul, com Jerusalém como capital; e Israel-Efraim ao norte, com Tersa como capital.
Por volta de 880	Fundação da Samaria, nova capital do reino do norte, pelo rei Omri.
Por volta de 870	Sob o poder de Acab, rei de Samaria, Elias humilha e massacra os profetas de Baal no monte Carmelo. A Assíria se fortalece, enquanto o Egito se enfraquece.
753	Fundação de Roma, segundo a mitologia romana.
750-720	O profeta Oseias, no reino do norte, descreve em termos de união conjugal a aliança de Deus com seu povo.
721	Conquista de Samaria pelos exércitos assírios. Fim do reino do norte.
597	Conquista de Jerusalém e deportação para Babilônia. Ezequiel profetiza, descrevendo a ação de Deus sobre seu povo como o de um homem em relação a uma filha perdida que ele recolhe e com quem se casa (Ez 16).
586	Destruição de Jerusalém pelos exércitos babilônios e ruína do Templo.
550-540	Um profeta da linhagem de Isaías, ao anunciar a libertação de Israel, repete a fala sobre o amor

	apaixonado do Senhor por seu povo como o de um homem por sua esposa (Is 54; Is 62).
538	Édito de Ciro, o Persa, autorizando a volta dos judeus a Jerusalém. Fundação do Segundo Templo. Dominação persa até o início do século IV.
Séc. V	Na Grécia, apogeu da cultura clássica: poesia, teatro, filosofia, história, com Sófocles, Eurípedes, Heródoto, Platão e outros.
Séc. V-III	Redação do Cântico. Em Israel, uma época fecunda em composições poéticas e sapienciais: Salmos, Provérbios, Jó e outras.
336-323	Alexandre Magno estende seu Império até a Índia.
300	O Egito volta a ter influência sobre a Judeia. No Egito reinam os Lágidas, herdeiros de Alexandre.

Mapa: a terra do Cântico

Assinalamos no mapa somente os nomes dos lugares mencionados no poema, lembrando, assim, sua geografia implícita. Faltam "Beter" e "Baal-Hamon", lugares até hoje desconhecidos; também faltam "Cedar" e "Salma", nomes de tribos nômades do deserto da Arábia.

Se o parentesco do Cântico com poemas das regiões circunvizinhas é afirmado, suas referências geográficas tornam muito explícitas a origem e a destinação deste canto: é a terra de Israel.

Nos quatro pontos cardeais, as fronteiras mostram os contornos do país, no centro do qual constam somente Jerusalém e a antiga capital do reino do norte, Tersa.

Ao Norte, a cadeia montanhosa do Líbano e seus cumes: o Hermon, o Amana e o Sanir. Ao Sul, o oásis de Engadi e o "deserto". A Oeste, a planície de Saron e o monte Carmelo. A Leste, Galaad, Rabat-Amon ("Bat-Rabim") e Hesebon.

Não são de fronteiras tranquilas, uma vez que muitos povos vizinhos haviam sido adversários ferrenhos de Israel durante séculos: Arameus, Damasco; Filisteus, ao longo do Mediterrâneo; povos predadores do deserto; Midianitas ou Amalecitas; e, além do Jordão, Amoritas, Amonitas, Moabitas e outros mais. Mas a "paz" do Cântico é uma profecia, uma esperança encarnada por um casal real, sinônimo de paz, Salomão e a Sulamita, na cidade da paz, Jerusalém.

Amana Sanir

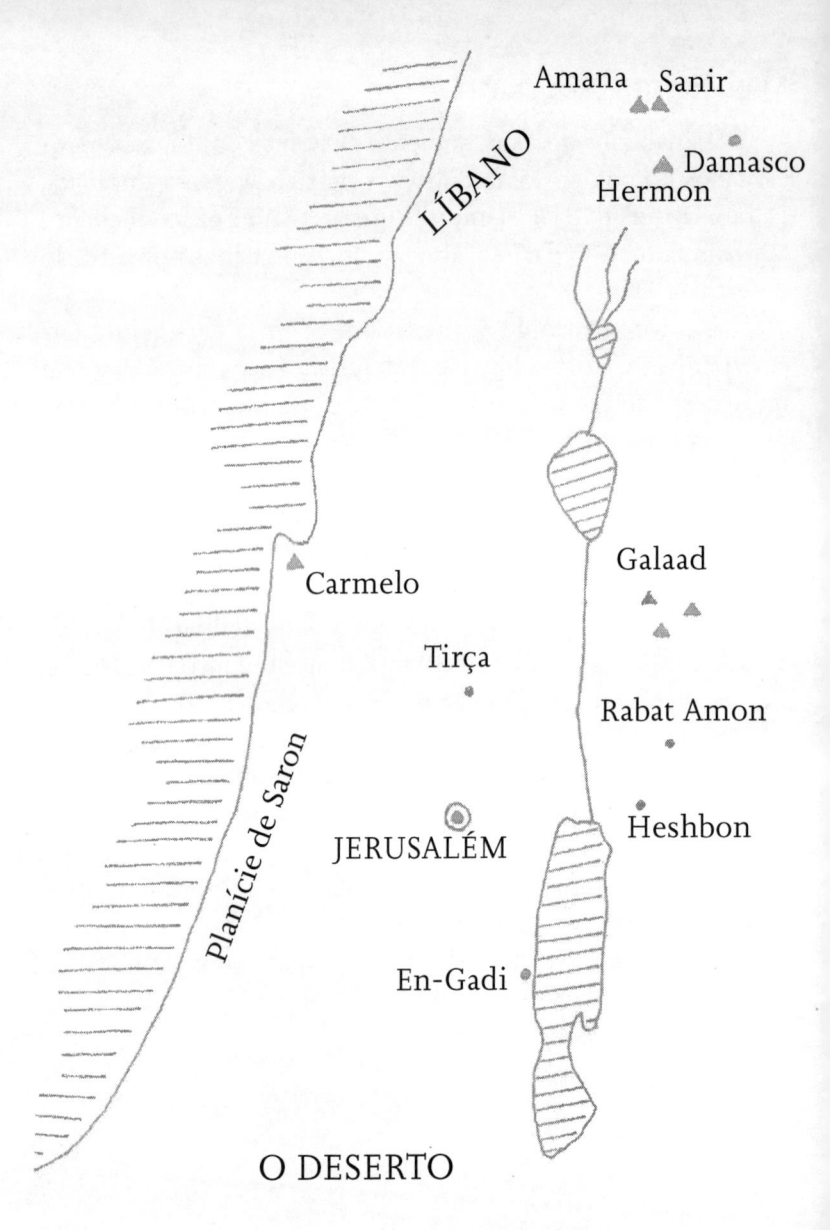

LÍBANO

Damasco

Hermon

Carmelo

Galaad

Tirça

Rabat Amon

Planície de Saron

Heshbon

JERUSALÉM

En-Gadi

O DESERTO

148 O Cântico dos Cânticos

Bibliografia

Para aprofundar o estudo e a mensagem espiritual do Cântico dos Cânticos:

ARMINJON, B., *La cantate de l'Amour. Lecture suivie du* Cantique des cantiques. Paris: DDB, 1983. (Um comentário sólido, entusiasta e poético, rico pela grande tradição patrística e medieval).

AUWERS, J.-M., *Le Cantique des cantiques*. Paris: Cerf, 2019. Coleção La Bible d'Alexandrie, vol. 19. (Tradução anotada do texto da Septuaginta, com uma introdução largamente documentada que permite descobrir com precisão a originalidade do texto em cada uma das línguas bíblicas – hebraico, grego e latim – e as interpretações dos primeiros Padres da Igreja).

CHRÉTIEN, J.-L., *Symbolique du corps. La tradition chrétienne du* Cantique des cantiques. Paris: PUF, 2005. (Apresenta interpretações de grande riqueza alegórica do "corpo" propostas pelos Padres gregos e os autores da Idade Média).

PELLETIER, A.-M., *Lectures du Cantique des cantiques. De l'énigme du sens aux figures du lecteur.* Roma: Pontificio Istituto Biblico, 1989. (Um estudo aprofundado das modalidades de interpretação feitas na leitura do Cântico).

RICOEUR, P.; LACOCQUE, A., *Penser la Bible*. Paris: Seuil, 1998, p. 373-457. (Diálogo entre um exegeta, que decifra o caráter subversivo do Cântico, e um filósofo experiente em hermenêutica).

SALENSON, C., *Retraite sur le Cantique des cantiques*. Par Christian de Chergé, prieur des moines de Tibhirine. Bruyères le Chatel: Nouvelle Cité, 2013. (Texto que possui atualidade espiritual).

STANDAERT, B., *Le Désir désiré, Commentaire sur le* Cantique des cantiques. Paris: Salvator, 2016. (Um comentário acessível a todos, enriquecido com a contribuição dos Padres da Igreja).

Edições Loyola

editoração impressão acabamento

Rua 1822 n° 341 – Ipiranga
04216-000 São Paulo, SP
T 55 11 3385 8500/8501, 2063 4275
www.loyola.com.br